贵州省出版发展专项资金资助

贵州世居民族文化书系

宋健 主编

# 水 韵 天 书

*SHUIYUN TIANSHU*

石尚彬 蒙耀远 饶文谊 著

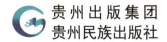

贵州出版集团
贵州民族出版社

**图书在版编目（CIP）数据**

水韵天书：水族 / 石尚彬，蒙耀远，饶文谊著. --
贵阳：贵州民族出版社，2014.6（2020.7重印）
　（贵州世居民族文化书系 / 宋健主编）
　ISBN 978-7-5412-2110-1

　Ⅰ . ①水… Ⅱ . ①石… ②蒙… ③饶… Ⅲ . ①水族－
民族文化－贵州省 Ⅳ . ① K286.9

中国版本图书馆 CIP 数据核字（2014）第 067744 号

贵州世居民族文化书系
**水韵天书·水　族**
宋　健　主编　石尚彬　蒙耀远　饶文谊　著

| | |
|---|---|
| **出版发行** | 贵州民族出版社 |
| **社址邮编** | 贵阳市观山湖区会展东路贵州出版集团大楼　　550081 |
| **印　　刷** | 山东龙岳文化传媒有限公司 |
| **开　　本** | 787mm×1092mm　　1/16 |
| **字　　数** | 160 千字 |
| **印　　张** | 10.25 |
| **版　　次** | 2014 年 6 月第 1 版 |
| **印　　次** | 2020 年 7 月第 2 次 |
| **书　　号** | ISBN 978-7-5412-2110-1 |
| **定　　价** | 33.00 元 |

# 贵州水族分布示意图

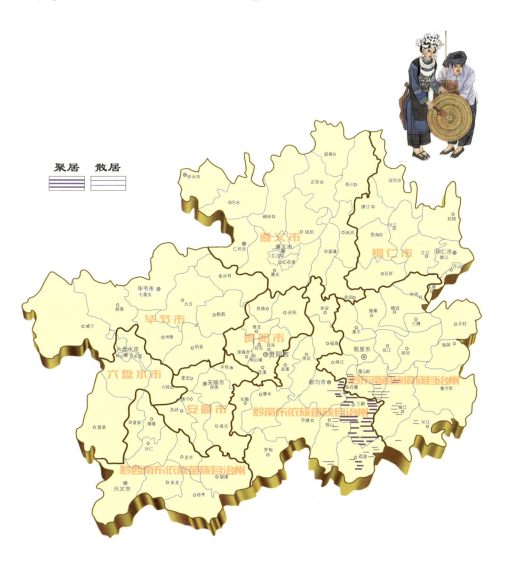

聚居　散居

赤水市　习水　桐梓　正安　务川　沿河　松桃
遵义市　仁怀市　遵义市　乌江　红花岗　凤冈　湄潭　思南　印江　铜仁市　江口　铜仁市　玉屏　万山
毕节市　七星关　金沙　遵义　石阡　德江
大方　黔西　息烽　开阳　贵安　金沙　岑巩　镇远　碧江
威宁　纳雍　修文　贵阳市　施秉　三穗　天柱
赫章　织金　清镇市　乌当　花溪　龙里　福泉　凯里市　台江　剑河　锦屏
六盘水市　水城　平坝　安顺市　西秀　贵定　麻江　黔东南苗族侗族自治州　榕江
兴义水市　六枝　普定　惠水　都匀市　丹寨　雷山
安顺市　关岭　长顺　独山　三都　榕江　从江
盘县　镇宁　贞丰　紫云　罗甸　平塘　独山　荔波
兴仁　黔南布依族苗族自治州
黔西南布依族苗族自治州
兴义市　安龙　册亨

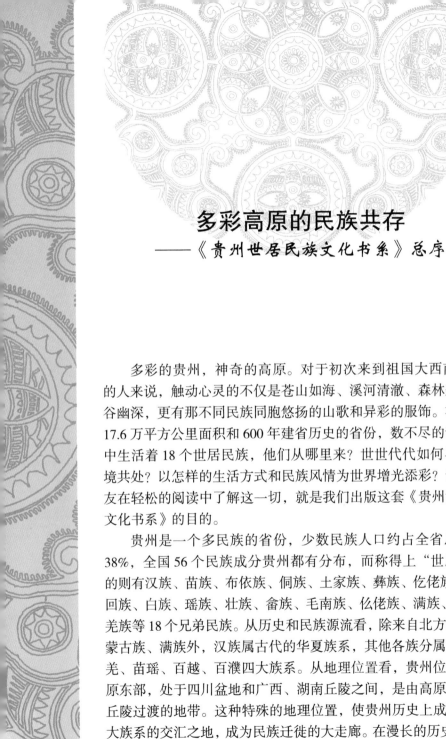

# 多彩高原的民族共存
## ——《贵州世居民族文化书系》总序

　　多彩的贵州，神奇的高原。对于初次来到祖国大西南贵州省的人来说，触动心灵的不仅是苍山如海、溪河清澈、森林碧绿、峡谷幽深，更有那不同民族同胞悠扬的山歌和异彩的服饰。在这个有17.6万平方公里面积和600年建省历史的省份，数不尽的青山翠谷中生活着18个世居民族，他们从哪里来？世世代代如何与周围环境共处？以怎样的生活方式和民族风情为世界增光添彩？让读者朋友在轻松的阅读中了解这一切，就是我们出版这套《贵州世居民族文化书系》的目的。

　　贵州是一个多民族的省份，少数民族人口约占全省总人口的38%，全国56个民族成分贵州都有分布，而称得上"世居民族"的则有汉族、苗族、布依族、侗族、土家族、彝族、仡佬族、水族、回族、白族、瑶族、壮族、畲族、毛南族、仫佬族、满族、蒙古族、羌族等18个兄弟民族。从历史和民族源流看，除来自北方的回族、蒙古族、满族外，汉族属古代的华夏族系，其他各族分属古代的氐羌、苗瑶、百越、百濮四大族系。从地理位置看，贵州位于云贵高原东部，处于四川盆地和广西、湖南丘陵之间，是由高原向平原和丘陵过渡的地带。这种特殊的地理位置，使贵州历史上成为南方四大族系的交汇之地，成为民族迁徙的大走廊。在漫长的历史长河中，不同民族的融合，不同文化的相互影响，以及战争带来的多次大规模移民的进入，形成今天贵州多民族共存共荣的社会。

民族文化，指各民族在历史发展中创造的带有民族特点的文化，包含物质和精神两个方面。存在决定意识，由于贵州地处生态环境较为脆弱的喀斯特地貌带，各族群众敬畏自然，珍惜上天赋予的生活资源，注重生产方式与自然生态的和谐平衡，有着享誉世界的农业文化遗产"稻鱼鸭系统"，与草木"认干亲"的林业等生产方式和生活形态，无不彰显人与自然的和谐共处。

贵州历史上"连峰际天兮飞鸟不通"（王阳明《瘗旅文》）的交通困局，形成了十里不同风，百里不同俗的"文化千岛"，民族风情古朴浓郁，多姿多彩，如苗族的姊妹节、芦笙舞，布依族的八音坐唱，侗族的行歌坐月、侗族大歌，彝族的火把节，土家族的摆手舞等。而600多年前明王朝对贵州的大规模开发，江南的百万汉族移民以屯军、屯民的方式来到贵州，形成数百年的屯堡文化，至今成为明代文化遗存的奇迹。可以说，正是青山绿水与多民族的和谐共存构成了今天多彩的贵州。

我们这套书以大专家写小丛书为特点，以轻松阅读获取知识为目标，以直观图像结合想象力发挥为手段，采取宏观叙述与田野案例穿插叙事的方法，力图写成民族历史文化的故事书，内容虽然通俗易懂，生动有趣，但都是以坚实的学术研究为基础的，能够让读者在愉快的阅读和浏览中获取正确的知识。

"黔山秀水，神秘夜郎；多彩民族，千岛文化。"这是书系力图展示的贵州形象。愿书系成为我们大家了解贵州、欣赏贵州、热爱贵州的一个窗口。

《贵州世居民族文化书系》编委会

# 目 录
## Contents

引言

　　五十六个民族五十六朵花。

　　水族正是中华五十六个民族中一朵绚丽的鲜花。

　　水族，聚居于月亮山麓、都柳江旁，一个如凤凰羽毛一样美丽的地方。

　　革命先烈邓恩铭（水族），一个全国家喻户晓的名字，这位中共一大代表就是生于斯长于斯。

　　水族，一个拥有自己的语言和文字的民族，经久传承着自己积淀丰厚的特色文化……

　　生态水族，文化水族，神秘水族，秘境渐次为您打开。

　　水书是水族人民智慧的结晶，其内容博大精深，被誉为水族的百科全书；水书习俗与水族人民生活息息相关，世世代代相传至今，以其独特的文化内涵被列入首批国家级非物质文化遗产名录，成为国家宝贵的非物质文化遗产。

　　九阡酒，是由100多种草药和糯米酿制而成的水族佳酿。当您一边品尝水族传统佳肴鱼包韭菜，一边和主人一起在"秀！秀！秀！"的欢呼声中开怀畅饮之际，您会深切感受到"家家扶得醉人归"的水族酒文化之无穷魅力。

　　端节，世界上历时最长的年节，您将欣喜地观赏到水族古老神圣的祭祖仪式和万众欢腾的端坡跑马等一系列原生态民俗活动。卯节，水族的情人节，您将听到水族小伙姑娘们倾诉衷肠的美妙情歌。

　　马尾绣，一种可以媲美粤绣的水族民间工艺，已列入国家级非物质文化遗产名录。您可以不惊讶于它的刺绣技艺，但是您一定会惊讶于它出自天天荷锄劳作的水族妇女之手。

铜鼓，水族人民最为喜爱的一种乐器，声音的雄浑厚重不一定会令您震撼，但是您一定会记住"一寸光阴一寸金"的鼓点和节奏。

很多奇闻等待您前去探幽，而姑鲁水寨石头下蛋的旷世奇观一定让您叹为观止。

如果神秘的水书使您惊叹不已而流连忘返，那么这里具有民俗习惯法功能的椰规碑文更能让您知道水族人民历史上如何进行内部管理，从而感受到他们的生存智慧……

看吧，这里一幅幅美妙绝伦的画卷一定能让您尽饱眼福！来吧，这里馥郁幽香的文化大餐一定能让您满足。

## SUI YUAN
# 睢源
## YUANSU
# 远溯

### ● 世代自称"睢" ●

　　水族是贵州省 17 个世居少数民族之一，自古祖祖辈辈一直自称为"sui³³"（音睢），在历史上曾被称为"僚""苗""百越""蛮"等等，即司马迁《史记》中所谓的"西南夷"之属。

　　据《旧唐书》记载，唐贞观三年（629 年），"东谢蛮"入朝，唐以其领地置应州，授其首领谢元深为刺史，应州所辖之地包括今水族聚居地区。唐开元年间，又置有抚水州，所辖地区即今贵州荔波、三都和广西环江一带，至今仍为水族聚居区。《新唐书》卷二二二亦有类似记载：

　　有东谢蛮，居黔州西三百里……地方千里，宜五谷，为畬田，岁一易之……赏有功者以牛马、铜鼓……婚姻以牛酒为聘……贞观三年，其酋谢元深入朝。

　　《宋史》卷四九五载：

抚水州在宜州南，有县四：曰抚水，曰京水，曰多逢，曰古劳。唐隶黔南，其酋皆蒙姓……民则有区、廖、潘、吴四姓……夹龙江居，种稻似湖湘，雍熙中……诏书招安，补其酋蒙令地殿直……其族铸铜为大鼓，初成，悬庭中，置酒以召同类……相攻击，鸣鼓以聚众，号有鼓者为"都老"，众推服之。

《宋史》卷四九六载：

……至道元年其王龙汉尧遣其使龙光进率西南牂牁诸蛮来贡方物，太宗诏见其使，询以地理风俗。译对曰："地去宜州陆行四十五日，土宜五谷，多种粳稻，以木弩射獐鹿充食……"上因令作本国歌舞。一人吹瓢笙如蚊蚋声，良久数十辈连袂宛转而舞，以足顿地为节，询其曲，则名为水曲。

可见，自秦汉时期迁徙定居黔桂边境之后，水族祖先就一直在现今的龙江流域、都柳江流域开创家园，聚族而居，至唐代时形成一个颇有影响的单一民族，故而唐王朝在水族聚居地区先后设置了"抚水州""峨州"和"劳州"，表明其时，水族作为单一民族，已经活跃于当时的中国民族舞台。

在水族民间，至今仍然流传着许多描述水族先祖开天辟地、建造家园的神话传说和长篇古歌。比如说，《拱

榕江水族少女

恩①开凡间》《牙线②剪纸造人》《开
天地造人烟》《造日月歌》《人龙雷
虎争天下》等等，极富浪漫主义色彩。
如神话《拱恩点恒》描述的是拱恩在
天地初开之时，见到大地一片荒漠，
他便创造了山泉河流，更创造了高山
丘陵、田畴平坝，使远古时期的水族
人民有了自己的家园。于是，赞颂拱
恩的歌谣便一直在水族人民中间代代
传唱：

　　古恩公，踩踏地方。

　　踩成了平坝，踏成了海洋，
　　踩出了江河，踩出了山岗，
　　光秃秃的人间，从此变了样。
　　古恩公，功昭日月；
　　古恩公，恩德无疆！
　　又如三都水族自治县三洞乡的民
间歌手潘三妹所唱的《恩公开辟地
方》：

　　古恩公，来到地方；
　　天姑夫③，地方宽阔；
　　开姑征，四方平坦。
　　恩祖公，十分殷勤；
　　到中和，开辟三旱；
　　住狗场，开拓七天；
　　中和宽，好做稻田，
　　狗场平，风物宜人。
　　恩祖公，开辟周覃；

都匀水族女性盛装

————————————————
　　①拱恩，水语音译，拱即祖公，恩是他的名字。
　　②牙线，水语音译，牙即祖母，线是她的名字。
　　③姑夫，地名，下文的姑征、中和、狗场、周覃、板光、母京、九阡、水各、
　　水对、水条、水昔等均为地名，在今三都水族自治县境内。

板光宽，好盖房子；
周覃场，街道宽平。
恩祖公，又到母京；
在母京，开拓两天；
地方大，四面均匀。
往下走，开辟九阡；
连续开，水各水对；
开水条，也开水昔。
恩祖公，聪明能干，
爱百姓，天下走遍。
开疆域，人人高兴。
我开拓地方的恩公啊！
初造人，先有恩公，
有恩公，就有恩奶。
公与奶，开天辟地，
公与奶，辟地开天。
他撑天，天高万丈；

都匀水族女性盛装

她辟地，大地宽阔。
开升高，有日月星；
日月照，大地光明。
地方宽，有山有水；
山坡上，种植树木，
水塘里，鱼儿撒欢。
平地上，有地有田；
稻田里，播种五谷；
陡坡地，种豆种棉。
五谷多，豆棉丰收；
人民富，喜笑开颜。
我开天辟地的恩公恩奶啊！

这一类的传说和古歌，一一讲述了水族先祖开天辟地、创建家园的光辉业绩，可谓筚路蓝缕，历尽艰辛，激励了一代代水族儿女。

在水族的一些族谱和民间传说中，亦有其先祖从两广迁徙而来的说法，如一首《迁徙歌》这样唱道：

古老父，住在西雅；
发洪水，四处散开。
在广东，做不成吃；
在广西，积不起钱。
哥随红水河上去，
弟随清水江下来。
中间公，渡过彼岸，
到贵州，养育后代。

现今还有一些研究者，认为水族自称为"睢"，正是水族先民当初生息繁衍在河南睢水流域的证据。而据《唐书》《宋史》等史籍的记载，再仔细考察水族社会状况，可以断

水族女性服饰

水族少女

三都水族自治县人民政府
原大门上的水族文字

美丽的三都水族自治县县城

定的是，早在唐代，水族就已形成一个具有共同语言文字、共同的居住地域、共同的农耕文化、共同的民族习俗和共同的民族心理，具有鲜明文化特色的单一民族，并世世代代在现今的三都水族自治县、荔波、独山、都匀、榕江、丹寨等县（市）及毗邻的黔桂地区聚族而居。水族的语言文字、社会习俗、传统文化，与其他兄弟民族有着显著的区别。

中华人民共和国成立之后，国务院在识别、确定各民族族别、族称之时，根据水族人民的自称并结合历史文献中的称谓，曾将水族族称初定为"水家族"，并于1956年9月11日作出了设置"三都水家族自治县"的决定。这一决定深得水族人民的欢迎，人们奔走相告，兴高采烈。然而亦有不少水族人士反映成立自治县固然是水族人民政治生活中的一件特大喜事，但是倘若用"水家族"为族称乃是沿用旧有称谓，或有引起民族歧视之嫌。三都自治县筹备工作委员会在广泛征求水族同胞和社会各界人士的意见后，提出将"水家族"改为"水族"为宜，自治县的名称亦相应定为"三都水族自治县"，并将这一意见逐级上报。国务院经过认真研究后回电给贵州省人民委员会，同意了这一请求。批复电文如下：

贵州省人民委员会：

12月13日电悉，同意将水家族更名为水族，三都水家族自治县更名

1989年贵州省水家学会成立大会合影

为三都水族自治县。

国务院

1956 年 12 月 21 日

1956 年 12 月 28 日至 1957 年 1 月 2 日，三都水族自治县第一届人民代表大会隆重召开，正式宣告三都水族自治县成立。

水族地区风光

## ● 住在画中央 ●

水族地区环境优美，山峦起伏，溪流交错，林丰竹茂，特产富饶，民风纯朴，具有丰富多彩的自然景观和人文景观，尤其是水族独具特色的民族歌舞、民族习俗、民族古文字等，更是民族文化的瑰宝和结晶。

三都水族自治县地处贵州省东南部的月亮山、雷公山中，水族人民的母亲河都柳江从县境流过。境内都柳江风光已被评为省级风景名胜区。自幼生长在这里的水族学者潘朝霖曾写有一首诗《美丽的都柳江》来赞美自己的家乡：

都柳江畔的水族村寨

### 水族概况

水族现有人口40余万，主要分布在祖国的大西南地区，其中以三都水族自治县最为集中。该县现有水族人口20余万，占全县总人口的63.4%。此外，榕江、荔波、都匀、独山等县（市），水族人口各有3万余人；毕节、六盘水市有2万多人，丹寨、从江、福泉、雷山等县（市），水族人口均有数千人，广西壮族自治区的南丹、环江、都安、来宾等县（市）有水族人口2万余人；还有万余水族同胞在云南省富源县古敢水族乡聚族而居。

贵州省水族同胞聚族而居的地区，除1956年经国务院批准设立了三都水族自治县之外，其他县（市）亦依据党的民族区域自治政策，相继设立了水族乡。荔波县有水利、水尧、永康3个水族乡；都匀市有奉合、阳和、基场3个水族乡；独山县有本寨、甲定、翁台3个水族乡；榕江有兴华、定威、水尾、仁里、三江、塔石6个水族乡。

水族有本民族的语言文字。水语属汉藏语系壮侗语族的侗水语支，水语不分方言，但有三洞、阳安、潘洞三个土语。三个土语之间交流，基本没有障碍。

静静的都柳江，
流过凤凰落脚的地方。
洗净了小伙身上的汗水，
映着姑娘们羞红的脸庞。
水族人民的儿女，
在这里幸福成长。
美丽的都柳江，
把深情留在人们心上。
染翠了两岸山峦，
装点着万家灯光。
灌醉了成群鹅鸭，
浇绿了遍野稻浪。

奔腾的都柳江，
迎来了崭新模样。
万古天堑架大桥，

三都尧人山自然风光

两岸盖起新楼房。

新的生活蜜一样甜，

水族人民尽情欢唱。

　　倘若你在月明星稀的夏夜来到都柳江边，徐徐的凉风、哗哗的流水定会让你心旷神怡，而那江中星星点点的渔火更是构成了一道美丽而梦幻的景观。水族诗人阿闹任睢触景生情，诗兴勃发，挥笔写下了一首优美的水乡夜曲《渔夜》：

一叶叶扁舟，

一点点渔火；

竹筏从夜空划过，

把几颗星儿划落。

鱼鸬在紧紧追赶，

月亮在东藏西躲。


轻轻把网儿撒，

慢慢把网儿拉。

捕捉满船跳动的诗行，

提起那鲜滴滴的浪花。

都柳江粼粼的波光，

荡一曲甜美的水家夜话。

荔波小七孔风光

　　三都水族自治县平均海拔在500～1000米之间，夏长冬短，春秋分明，夏无酷暑，冬无严寒，环境优美，气候宜人。境内山岭连绵，丘陵起伏，林木茂密，溪流潺潺，县内的尧人山是国家级森林公园。三都是全省十大林业县之一，该县的森林资源位居全省前列，主要树种有杉、松、柏、樟木、桫椤、杜仲、漆树、楠木等等。三都森林覆盖率64.5%，县内的国有拉揽林场面积有25万亩，横跨都柳江两岸，有大面积的原始森林和次生林。林间鸟语花香，被列入国家级保护动物的不少珍禽异兽在林中山间出没，被人们称誉为"百里林海"，是名副其实的野生动物乐园。

水族地区风光

　　三都水族自治县的矿产资源十分丰富，已探明和开采的便有金、锑、铜、铁、汞、硫、锌、磷等等，其中汞、锑、硫不仅储藏量丰富，质地较好，且地表覆盖不深，易于开采，因而以锑矿为代表的采矿业和冶炼业在三都工业中占有重要地位。

　　与三都相邻的荔波是世界自然遗产地。美丽的樟江流经荔波境内，两岸风光旖旎，幽谷叠翠，银瀑飞泻，观不尽的林、洞、湖、瀑，赏不绝的奇、险、秀、幽，令人啧啧称奇，叹为观止。荔波县国家级茂兰喀斯特原始森林保护区以其独特的生态环境和珍贵的科研价值，被联合国教科文组织纳入"国际人与生物圈保护区网络"，并被载

荔波小七孔风光

入《吉尼斯世界纪录大全》。荔波国家级樟江风景名胜区以原始古朴、神奇、幽静、多姿多彩而著称，含水春河峡谷风景区、樟江田园风景区、大七孔景区、小七孔景区。荔波县内水族等多姿多彩的民族风情，更是让人们大开眼界，充分领略到原生态民族文化的无穷魅力。

此外，都匀的阳和水族乡，榕江的兴华水族乡、定威水族乡、水尾水族乡等，依山傍水，风光也是很秀美。

在这些水族地区，独具特色的水家干栏式民居建筑群落，代代传承下来的水族铜鼓舞、弦鼓舞、芦笙舞、斗牛舞、斗鸡舞、斗雀舞等，令人惊叹不已。每逢水族传统佳节，水族儿女兴高采烈地穿戴上令人眼花缭乱的民族盛装，载歌载舞，村村寨寨洋溢着欢乐吉祥的气氛。

优美宜人的生态环境，悠久灿烂的民族文化，不仅使每一位水家儿女深深地感到骄傲和自豪，由衷地赞美自己的家乡是"凤凰羽毛一样美丽的地方"，而且也深深地吸引和感染了来到这里工作和生活的人们。曾长期在水族地区工作的诗人储佩成便写有一首《凤凰展翅迎春光》的诗，热情洋溢地歌颂这一块美丽而富饶的地方：

喜把水乡比凤凰，

孔雀开屏比不上。

阳和大峡谷格薅景区

阳和大峡谷鼻子岩

都柳江水清，
庄稼两岸长；
月亮山花放，
林木满山岗。
山好水好人更好，
水家住在画中央！

水乡美似金凤凰，
凤凰展开金翅膀。
大桥像彩虹，
电站放光芒；
铁牛田中走，
端节美酒香。
水家人人添干劲，
凤凰展翅迎春光！

水族长号迎宾

SHENMI

## 神秘

SHUISHU

## 水书

### ❖ 陆铎公的传说 ❖

水族有自己的语言文字，是我国 56 个民族中有自己传统文字的民族之一。水书是用水族古文字书写而成的文化经典，水族人把水书叫做"泐睢"。水书文字看起来与殷商甲骨文很像，创制的时代极为古远。水书记载水族古老的天文、历法、民俗，以及原始宗教信仰等等。水书是水族人民凭借自己的智慧创造的精神财富，水书内容博大精深，涉及水族社会生活的方方面面，故而被称为水族的"易经"、水族的"百科全书"，是极为珍贵的历史文化遗产。

在水族民间流传着不少关于陆铎公创制水族古文字的传说，据传在很古很古的时候，水族先祖陆铎公为没有本民族的文字，从而不能将水族的社会历史、生活习俗等记

祭祀陆铎公

载下来传之后人，非常着急，决心创制水族自己的文字。他仔细观察天文、地理、物象，广泛征求大家的意见，不论是烈日炎炎的盛夏，还是寒风凛冽的严冬，他都夜以继日地不断思考。陆铎公集中水族先民的智慧，终于创制出文字。

祭祀陆铎公

起初，水族文字多得成箱成垛，堆满一屋子，后来天皇派天兵天将来烧毁了装满水族文字的房子。陆铎公生怕再遭天皇算计，此后便凭记忆写出其中一部分，把大多数水书内容装在脑海里，通过心传口授的方式传之后人。

流传于贵州省独山县水岩乡水东村的水族民谣唱道：

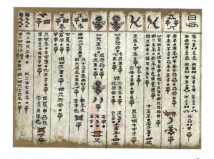

入选第一批国家珍贵古籍名录的水书《六十龙备要》页面

有个老人叫陆铎，四季居住山洞中。

青石板上造文字，造得文字测吉凶。

所有良辰全送人，等到自己造房时。

书上已无好日子，无奈只好住洞中。

若问深洞在哪里，就在水岩和水东。

晚清时期，被誉为"西南巨儒"的独山人莫友芝最早对水族文字进行了研究,在他编纂的《黔诗纪略》一书中指出：

吾独山有水家一种，其师师相传，有《医》《历》二书，云自三代……且云其初本皆从竹简过录，其音读迥与今异而多合古，核其字画，疑（秦朝李）斯籀（文）前最简古文。

莫友芝当时已注意到故乡独山的水族，有一种靠水书先生代代相传的有关医药与历法的水书，传说是来自夏、商、周三代。莫友芝认为水族古文字的创制年代，要早于秦丞相李斯以大篆的"籀书"和小篆为标准整理的文字版本，属于在它之前的最为简约古朴的文字。从上下文联系看，莫友芝认为水族文字应来源于秦代以前的金文和竹简。

莫友芝《黔诗纪略》上关于水书的研究

水书的文字，主要有如下几种类型：一是象形字，约占水书文字的1/5；二是仿汉字，即汉字的反写、倒写或改变汉字的形体和写法而形成的文字，主要为天干地支、一到十的数字文字等；三是宗教文字，即表示水族原始宗教的各种密码符号，具体为一些图画文字；四是指事字，用以指明某种意思，多用于方位词，亦有指明现象者；五是会意字，以两个以上符号合在一起造字；六是假借字，即借用已有的字表示语言中某个同音的词。

水书中的象形字图画形象逼真，主要是描摹实物形状的字。例如，♌（鱼）、仒（屋）、♉（弓）、♀（头）、☺（脸）、ℬ（耳）等字，这些字一眼就可以看出它代表的事物。水书中的形意字有一定的实物形状，又有抽象的表意特征。例如，彛（人）、彜（死）、

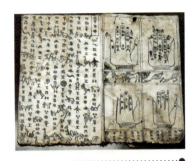

图文并茂的水书

"水书习俗"列入国家
非物质文化遗产名录

## 水书的抢救、保护情况

贵州省、州、县各级党委和政府高度重视水书的抢救、保护、传承，并采取了一系列有力措施使这一极为珍贵的民族瑰宝得以传承弘扬。现今各级政府不但出资收集、保护、研究、出版水书，还为水书先生评定职称，发给生活补贴，保障他们的基本生活。

在各级政府和相关部门的共同努力下，水书抢救、保护、翻译工作取得了显著成绩，各级政府出资征集到的水书已达2万余册，这些水书主要收藏在水族聚居的三都、荔波、独山、都匀等县（市）的图书馆、档案馆。1994年贵州相关研究单位、专家学者就开始译注出版水书，现已译注出版水书多卷。2003年3月，水书文献被国家档案局、中央档案馆列入"中国档案文献遗产名录"，并有69部水书珍本入选"国家珍贵古籍名录"。

（鬼），一个站立的人的图像即为"人"字；人平躺为死的象征，作"死"字；而与人相对立，头朝下脚朝上者则为"鬼"字。水书中的假借字绝大部分是借用古汉字，主要有天干地支字和数字字符等，是将汉字进行省写、反写、减写、添加等改造后得到的文字。例如，（午）、（丑）、（六）、（甲）等等。

目前研究水书的专家已经破译出水书用字有1500多个单字。用水文字可以记录星宿鬼神、天地八卦、禽兽、鱼虫、植物、人体人事、季节时辰、地理方位、数字等。水书卷本所记载的都是一些提要性、条纲性的内容，还有大量要义、仪式、祝词等则靠水书先生一代一代地口传心授。所以水族民众难以独立运用水书，只有水书先生才能看懂和运用水书。

水书的内容，大多是原始宗教信仰方面的日期、方位、吉凶兆象及驱鬼避邪的方法，并且用歌诀或事物兆象标明它的吉凶所属。水书在水族人民的社会生活中起着极为重要的作用。水族人的婚丧嫁娶、出行、农事、立房造屋等重大活动都要请水书先生以水书为依据来测吉避凶、消灾祛邪。人们把水书先生运用水书文献为水族民众择吉避凶的民俗活动称为"水书习俗"，水书习俗是水族文化的重要组成部分，该习俗于2006年入选第一批国家级非物质文化遗产名录。

在水族社会中，水书具有神圣而崇高的地位，对水书，哪怕是一片纸屑，任何人不能跨、坐、踩。水族民间把那些能够看懂水书、运用水书，能够与鬼神"对话"的人称之为水书先生或水书师。水书由水书先生代代相传，他们在水族社会中有很高的地位，很受尊重。正是因为有了一代代水书先生对水书内容的释读和传承，在长期的社会生活中水书才能始终发挥其效用。

独山县本寨水族乡天星村的韦光荣老先生是其家族中第十三代水书传人，他自幼跟随其祖父学习水书，对如何运用水书的相关记载来择吉避凶熟谙于心。韦老先生告诉我们，水家人每逢举办婚丧嫁娶、生产生活中的重大活动，都要依据水书择算时辰方位，方能吉祥顺畅，事事如意。比如测算水稻播种时辰，韦光荣说："我们水家人每年春播前都要严格按照水书的记载，依据水族特有的历法来测定播种的时辰，这是水家先民祖祖辈辈积累下来的智慧结晶，非常符合自然规律，因此很是灵验，只要严格遵照测定的时辰由水族男子去播下良种，就一定能够获得大丰收。"

韦光荣老先生家中珍藏着数百本祖传的水书。那一本本水书，纸页早已泛黄，显然饱经历史的沧桑。他小心翼翼地翻阅，只见所有的水书都是以水族独有的古文字从右到左竖行书

梁光华等著
《水族水书语音语料库系统研究》

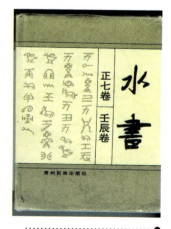

王品魁译注的
《水书·正七卷·壬辰卷》

写，文字古老奇拙，有的书中还有朱砂标注和插图。韦老先生告诉我
们，水书从未有过统一刻本，全是靠水书先生手抄传世，同一书名的
水书在传抄过程中亦会产生差异，并会出现不少的异体字。现在，韦
老先生的大儿子已有50多岁，一直跟着他学习水书习俗。水书主要是
家族传承，传男不传女，当家族中没有适合的传人时才考虑招收徒弟，
而且所选徒弟必须人品端正、聪明好学、吃苦耐劳。举行严谨肃穆的
拜师仪式后，水书先生便通过口传心授、行为示范及现场实践等方式，
将水书典籍中无法记录的大量要义、仪式、祝词等内容传授给弟子。
韦老先生说："水书习俗是一代代老祖宗对天文、地理等自然知识和
水族社会知识进行长期探索积淀下来的民族瑰宝，是一门非常深奥的
学问。学习水书习俗一般要经过十年以上才能出师，之后仍需要不断
地实践，不断地总结经验，要成为一个熟稔水书习俗的资深水书先生
非常不容易。"也正因为如此，水书先生在水族地区深受水族人民的
尊重。韦老先生说，他学了一辈子水书，用了一辈子水书，直到现在
还觉得有很多东西需要继续去深入学习、研究和实践。

"中国水书译注"丛书部分图书

## ● 历史的见证 ●

金石向有"补史之缺、正史之谬"的作用，由于种种原因，水族的有关文献史料极度匮乏，正是一些水文字石碑的出现，为我们研究水族历史提供了佐证。

自 20 世纪 80 年代来，先后在水族地区发现了 6 处水文字墓碑，分别是三都水族自治县塘州乡拉下村、周覃镇的查村、坝街乡羊瓮村、都江镇怎雷村水文字石碑，榕江县计划乡上拉力寨水文字墓碑和荔波县玉屏镇水甫村水甫石板墓碑文。其中最有特色的当数拉下村水文字墓碑。

拉下村东侧一片叫"墓果"的古老墓地，由于过去树林掩映、荆棘丛生，所以一直没有引起人们的注意。在 20

三都水族自治县塘州乡
拉下村水文字墓碑拓片

三都水族自治县塘州乡
拉下村水文字墓碑原貌

荔波县水甫以图案为主的墓碑拓片

水文字碑

世纪七八十年代，墓地周边的树林被砍伐，才使这一座极具史料价值的水文字墓碑为世人所发现。墓碑是门楼式，整体呈"凸"字形，墓主的生、卒、葬的年月均为水文字，凡 5 行共 34 字。此外还雕刻有一幅构思精巧的极为生动形象的水族丧葬习俗图：水文字的左边为一位男子，左手撑着一把打开的伞，右手拿着一根绳索，像是在前方引路；水文字的右边也是一个男子，他右手执一把驱邪的羽扇，左手拿一杆镇妖的铜制烟斗。更妙的是碑面下部的图案，右边是骑马的图，骑手右手握马缰，左手拍打马背；左边则是一头向前迈步的水牛，水牛和骑马者的中间平放一面铜鼓，鼓面朝上，鼓面上长着三朵鲜花。这奇特的构思，令人产生无限的遐想。据水书研究专家王品魁先生 20 世纪末的鉴定释读，该墓碑立于明弘治十三年（1500年），距今 500 多年。

榕江县计划乡上拉力寨水文字墓碑，碑文全是水文字，共 17 个，没有其他图案。20 世纪 70 年代末石尚昭、吴支贤、姚福祥对此碑文进行过考证和翻译。

三都水族自治县周覃镇的查村水文字碑文，系清道光戊子年（1828 年）二月十五日立，墓碑两侧有石柱，碑顶有屋檐形碑帽，碑的上部刻有一个太极图，碑身中部方框内竖排阴刻 3 排水文字，共 23 个。

此外，三都水族自治县坝街乡羊瓮村水文字墓碑，共有水文字 4 个。三都水族自治县都江镇怎雷村水文字碑文，有水文字 9 个。荔波县玉屏镇水甫村水甫石板墓碑文，有水文字 6 个。

以上水文字墓碑的发现为水书的研究提供了金石史料。

2009年三都水族自治县进行第三次文物普查时在都江镇发现了大坝水书摩崖。该摩崖距都江古镇约5公里，摩崖离地约7米，在约3平方米的崖面上镌刻有3行共29个水文字，摩崖镌刻的具体年代难以考证，但是从风化剥蚀的字迹看，摩崖已有数百年。

水文字碑

据当地老人说，摩崖所在的山坡叫银子坡。老人们口耳相传，银子坡上原有七八百栋房子，是一个很大的寨子。现在那些屋基早已经开垦成田地，只有上摆劳寨20多户人家还居住于此。寨内原有两根石柱，其中一根早年被人敲断，还在的一根石柱比人还高。老人说，小时候看见两根石柱的其中一面刻有东西。银子坡北面有崖壁，崖壁上过去有一个山洞，洞口原有石块砌成的墙，石墙留有一门，门前有几步石阶梯。洞口高1米多、宽2米多，洞内宽敞的地方宽有5~6米，高有3~4米。山洞进深数丈，洞内有几块供人坐的石凳，有几处似灶膛。据传，以前老辈人就在这山洞里传授水书。

三都水族自治县都江镇大坝水书摩崖

都江是一个古镇，唐朝的时候就在这里设置县治，叫都尚县，后置都江厅、都江县。1941年都江县与三合县合并，县名各取一字称三都县。都江水书摩崖的发现见证了都江古镇的历史变迁，更为可贵的是为水族文化的研究提供了可靠的实物佐证。

## ● 学山学田 ●

高级水书师韦光荣先生

水书交流，群英荟萃

水书是水族人的文化瑰宝，水书多是家庭内部传承，父而子，子而孙，一代一代地传承；也有物色品行好、悟性高的年轻人为弟子进行传承。为更好地传承本民族的优秀传统文化，有的水族地区还通过设立"学山学田"的方式来激励大家学习、传承水书。

在贵州省独山县本寨水族乡天星村有一位著名的水书先生，他叫韦光荣，已经82岁高龄，是当地韦氏家族第十三代水书传人，被贵州省人事厅评为首批高级水书师。韦光荣回忆说，400多年前，是一位叫"公多"的老祖公创立"学山

学习水书

学田"，村子里拿出50亩茂密的山林和2亩肥沃的稻田，让族中学习水书最出色的人耕种，获得族中长辈的一致同意。获得"学山学田"奖励的人到一定的年纪后，有义务把水书传授给族中后辈。课业传授完毕，传人都能熟练掌握运用水书后，评选出最优秀者，将"学山学田"的管理使用权交给他。"学山学田"不能作为遗产分配，是专用于鼓励学习水书的人才，如若违反，族人有强制收回的权力，收回后再奖励给遵守规定的水书继承人。之后随着汉文化的不断深入，"学田"也分出一部分用于鼓励族中优秀的汉文化学习者。"学田"租给田地少的族人耕种，收入归家族集体共有。若族中有子弟参加科考，便将"学田"数年来收入的粮食变卖，所得银钱用于资助参加科考者的路费和

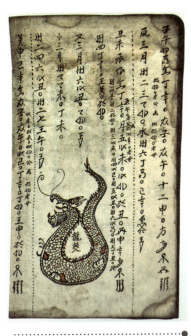

入选第三批国家珍贵古籍名录的水书《寅丑》页面

荔波水书木刻屏风

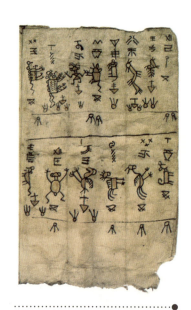

入选第一批国家珍贵古籍名
录的《泐金纪日卷》页面

水书《金用卷》页面

生活费用。

　　韦光荣先生还说，"学山学田"激励机制一直沿袭到新中国成立前夕。在很长一段时期，"学山学田"一直是他家管理使用，才使得当地水书世代相传，到他这一辈人已经是第十三代。

　　"学山学田"在水族地区形成一种普遍的激励机制，除了保障水书先生基本生活，使他们能安心传授水书外，还有两个重要的作用：其一是"学山"生长的竹子，可用来造纸，通过自己造纸来满足水书传承的用纸需要；其二是利用"学山"上的松脂制成墨锭来满足水书传承的用墨所需。可见，"学山学田"在水书传承上意义深远。难怪，当我们到韦先生家了解水书时，他老人家不是拿来而是提来几袋的水书，将两张晒谷子的大竹席铺得满满的。我们知道，在以阶级斗争为纲的年代，水书历经种种劫难。21世纪初，在党和政府抢救保护水书政策的感化下，韦先生也曾多次向政府捐赠水书，没想到现在他还保存有如此多的精品水书，我们不由得肃然起敬。当亲手摩挲着一卷卷泛黄的水书时，仿佛在历史时空的隧道里与充满智慧的水族先人进行对话。韦老先生深情地说："当摊开水书阅读的时候，先人耳提面命的身影仿佛在灯光里不停地晃动……"

　　为水族地区文化教育事业开创了新局面的当数梅山学馆，梅山学馆也是在家族集体土地上建立的。梅山学馆创立于清同治五年（1866年），地点在当时荔波县三洞乡的梅山村，后划归三都县。结束于1927年，办学时间达61年之久。创建人是潘文秀，为县学生员，之后由其子潘树勋续办，1927年随着潘树勋病故，学馆关闭。梅山学馆原为家庭私塾，只教授本寨本族的弟子，之后才招收本寨本族外的弟子入学。随着生源的不断增多，学馆搬迁到寨子南门外的一座小山丘上，校舍规模扩大，由原来的家族私塾扩展成完全的留宿学馆，实行全日制教学，招收的学生也扩展到邻县。教授的课程除传统的四书五经外，还有作文、珠算、账簿、货殖、中医及农用技术。除此外，先生还将本地历史、风物、传说等编成教材，教学生了解民情，了解书本之外的社会知识。后考虑到水族人的日常生活、生产劳动、伦理道德都离不开水书，梅山学馆便兼顾水族的"水书文化"教学，讲授水族的水书。梅山学馆在水族地区播下了汉文化的火种，梅山学馆培养出的学生，大多数成为当地的私塾老师。梅山学馆在61年的办学历史中，培养了大批的水族学子，在水族教育史上做出不可磨灭的贡献，产生了深远的影响，潘一志、潘辅之、韦庭楠是其中的杰出代表。

水书先生在讲解水书

LANGGUI
# 榔规
BEIYUE
# 碑约

## ● "乡禁"靖地方 ●

历史上，在相当长的时间里，水族地区较少受制于中央王朝的"王化"，而是靠"洞""水""榔"等基层社会组织进行管理，通过"议榔"所形成的榔规对于人们的生产、生活和维系水族社会的内部团结、推动水族社会的发展进步产生了非常积极的影响。

榔规碑文在水族地区比较常见，都匀套头地区（今阳和、基场、奉合）水族近百个村寨公立的乡禁碑比较有代表性。乡禁碑立于清道光二十五年（1845年），在现今阳和中心学校所在地东南约150米处，今阳和中心校慈心楼北围墙外。碑高130厘米，宽68厘米，厚12厘米，碑文计887字。内容涉及维护组织内部的生产、生活秩序，维护社会安定团结，抵御外敌侵犯等，适用范围涵盖了都匀套头地区十二翁组织，也包括生活其间的苗族、布依族。

从碑文中可以看出，自清道光十三年（1833年）以来，赋税繁重，"皇册连年苛派，于年三四次"。有的人还勾结外来的匪徒，残害良民，在这样的情况下才"传齐两套议此乡规，以靖地方"。当地老人口传，立碑时曾召集百余寨的寨老集会，宰杀牛马，饮鸡血酒，发誓齐心协力，共同遵守所立条款。在很长一段时间里，这块石碑被当地老百姓奉若神明。正是这块碑文，在相当长的时间里起到了保护当地群众生命财产安全、维护社会治安的联防联治作用。

例如第四条："如贼入寨偷窃，闻听鸣角为号，各寨人众自往要道截拿。"第五条："偷牛盗马，众寨每家出人一名，各带白米随牛脚至哪寨搜寻哪寨，如不送搜者，与贼同情，即问寨老赔赃。"这样的乡规对打击偷牛盗马行为产生很大的作用。据说，新中国成立前，洒洋寨一户人家发现牛被贼偷，向寨老通报后，即向周围村寨吹响牛角号，附近各寨听到牛角声，按原来十二翁的约定，各自迅速组织人员到交通要道拦截，同时又以牛角为号，不断传递信息，最后在陈蒙坡垭口抓到盗贼，激愤的群众将盗贼打死，挽回了损失，也震慑了盗寇。此后很长时间，该地区没有出现过此类偷盗之事。

对违反者不仅罚银，严重者还要将其赶出去，"无许入乡"。碑文中还规定了不准毁田找地安葬的情况，对研究当时水族人民的生活、社会状况和民俗风情提供了可贵的材料。

原碑 1991 年夏移交都匀市文物管理所，近年复制一碑立于奉合水族乡榔木水寨。

## 十二翁的传说

相传，在古代，水族的老祖公有一天早上到河里挑水，发现水面污秽，老祖公很生气，便叫孩子们溯河上去寻找水源好的地方，再行迁徙。兄弟十二人沿江而上，历尽千辛万苦，克服了重重困难。当他们来到套头这个地方的时候，认为这里山清水秀，便回去禀报老祖公。老祖公拿出十二坛银子分给十二个孩子，让他们在十二个山头各自安家，繁衍生息，最后形成现在的十二翁。如今翁勇、翁条、翁高为蒙姓，翁凯为潘姓，翁降为韦姓，翁奇、翁照、翁布是吴姓，翁了是陈姓，翁朝是杨姓，另外的翁交、翁摆九在黔东南苗族侗族自治州境内。

就是这么一个以翁为基层组织对地方进行管理的水族地区，在清末拟订了乡规民约共计十款，可以说是水族地区民族自治的习惯法，如今那里的人们除了自觉遵守国家法律法规外，更是对乡禁碑上的条款时刻铭记在心，用以约束自己的言谈举止。

## "万古不朽"除陋习

高兴大寨位于贵州省黔东南苗族侗族自治州榕江县城西北部,东与古州镇领真村接壤,北面与发优村毗邻,西接本县平江乡归利村,南与料里村相邻。高兴大寨有363户,1972人,主要以潘姓和蒙姓为主。以前,这里是人烟稀少的原始森林,附近有两个苗族村寨,一个叫亚国寨,另一个叫凸国寨。清康熙六年(1667年)潘姓从荔波九阡迁至古梁(今榕江古州)养路(即今章鲁)居住四年,当地苛捐杂税繁重,就连宰杀猪牛都要送一块腿肉给地方头人。后来水族祖先观察到高兴地方深山林茂,人烟稀少,便于清康熙十一年(1672年)迁至山林深密之处(即今高兴寨)开荒种地。次年蒙、吴二姓相继迁来。潘、蒙、吴三家开荒种地维持生计,共同建立家园,情同手足。

榕江县高兴大寨

在榕江县城西北9公里处,有一个被人们称为水族原生态博物馆的大寨子,这个寨子叫高兴大寨。这个寨子为什么比周边的寨子要大得多呢?据说与一块铭刻着关于水族婚嫁乡规民约的"万古不朽"碑有着极深的渊源。

据说这块"万古不朽"碑是高兴、小高兴、归利、华有、稗聋、鸠垒等7个寨子的18位寨老议榔之后,于清道光二十七年(1847年)正月订立的,距今已有100多年的光景了。石碑原立在高兴大寨中间,后来在社会动荡之际,为了保护好这块石碑,寨老们将它转移到一个秘密的地方埋起来。据潘天华先生口述,1985年贵州省民族研究所雷广正先生前去调查此碑的时候,把6个寨子的寨老集中起来征求意见。寨老们弄清雷先生意图之后,在一个夜晚,到埋藏石碑的地方悄悄把石碑"请"出来。雷先生采集到相关资料后,寨老们又将其掩埋。由此可见当地水族民众对这块石碑的珍视程度。

婚姻是人生大事,它关系着小到一个家庭、大到一个族群的发展。正是基于这样的考虑,高兴大寨的先人才通过制定规约的方式来保证后代子孙婚姻的幸福美满,期望达到"内无怨女,外无旷夫"的婚配状况,这既是为了宗支人丁兴旺,更是为了与周边村寨和睦相处。

从石碑内容可以看出，居住在这里的水族人颇有远见，为追求团结安定的生活环境，改革婚嫁中的陈规陋习，避免出现"嫁娶反为买卖，亲家反为冤家"的现象，故而对婚姻中常见的问题作出了明确的规定。

例如古已有之的"外甥女，随手娶"的姑舅表婚，以前民间约定俗成，即使舅家的男孩是傻瓜、瞎子、聋子、跛子，外甥女也要无条件地嫁过去，这是极不合理又不科学的做法，造成了不可低估的近亲结婚带来的恶性循环。"万古不朽"碑文中就规定了合理的处理方法："女嫁人，年纪相当不愿对亲，作舅公五牲礼

高兴寨潘蒙二姓立的"团结纪念碑"

五两，任凭另嫁；年纪不相当，只认舅公五牲礼一两二钱。"姑舅之子女年纪相当，但姑之女不愿嫁到舅家的，通过向舅公赔钱的方式即可免除，没有作硬性规定非嫁不可；而对于年纪不相当，不具备成婚条件的则象征性地给舅公少量钱财就可以解决问题。

在离婚问题上，早在160年前，水族就有了离婚自由的思想："夫妻不合（和），二者自愿拆婚，或男派女，或女派男，不准翻悔。"夫妻感情确已破裂，自愿离婚，那就不准许任何一方翻悔。不仅规定了离婚自由，而且要求在离婚之前，双方必须慎重考虑。

　　历来婚姻讲求门当户对，但是"万古不朽"碑文中将男方分为三个等次，量力而行："娶妻，家产有无不等，上班财礼十五两，中班财礼十两，下班财礼五两，未可过取。"就算女方出自名门，也得按男方的经济实力来收取财礼，切不可加重负担。这是何等的开明！

　　碑文中既规定一夫一妻的婚姻形式，又对没有子嗣的特殊情况作出特殊的处理："女嫁人，无子嗣，可准许娶妾，有子倘娶妾，岳丈罚牛一头。"对于犯规者，处理是比较严厉的。耕牛对于农民来说不仅是重要的家产，而且是进行农业生产的重要保障，"罚牛一头"则有倾家荡产之虞，这对人们遵守一夫一妻制有很强的约束力。

　　如今的高兴大寨呈现出一片和谐兴旺、欣欣向荣的景象，山寨里的潘姓、蒙姓、龙姓、韦姓等姓氏，和睦相处，亲如手足。2006 年潘、蒙二姓建立"齐心共事，携手合作"石碑，将大家共同的口传历史变为永远传承的金石记忆。

水族婚礼场景

# ● "信照条约" 倡和谐 ●

明洪武二十四年（1391年）张均随师征黔有功，授合江州陈蒙烂土长官，赐铜印一枚，印文为"陈蒙烂土正长官之印"，其官后人世袭。在张氏土司执政的500多年，与周边各民族关系处理得较好，今有"信照条约"碑为证，其中就讲到与水族同胞的关系。

"信照条约"碑位于三都县城西南26公里之今烂土小学围墙上。碑高1.70米，宽1米，素面楷书。碑眉为"恩垂万古"，正文竖排1200字，绝大部分清晰完好。此碑立于清嘉庆十八年（1813年）正月，距今整整200年的时间了。

在碑文中多次出现"十六五百水"字样，当时张氏土司疆域范围共153寨，其中有60个水族村寨，这些水族村寨分布在今三都水族自治县的合江、三合、普安、水龙、塘州、中和等乡镇，基本上连成一片，是张氏土司管辖的主要区域。"十六五百水"是其治下水族地区的总称，可能是指张氏土司管辖的60个水族村寨中承担赋税的500户人家。水族民间有"十六水"之说，石碑上"十六五百水"的说法与水族民间的提法相吻合。

该碑文一开始便对因由作了交代："准给各姓埲、上下两屯地方头人，以及十六五百水地方头人等，各俱遵照条约，凑数帮纳。兹承各姓埲及十六五百水扶凑之后，自必照条约所列之项，施治安民，决不有负尔等地方相关之谊。"然后对立此信照条约需要达到的目的作具体说明："先祖承恩以来，世守斯土，皆由各姓各埲秉公协力，扶官保印，赞襄力公件，厥功素著。兹因本司因公亏欠，承姓埲十六五百水各处地方头人等，协力同心，凑数帮纳，厥功非小。嗣后官目及各寨地方头人等，务宜照单所议条约，尽心办理，毋得上下相违，以负屡世忠贞辅佐盛举。"随后列出17个条款，包括官司审理必须及时，以免"有误农事"，并"任律施治"；"官族亲友"及衙役等不得"擅入十六五百水各处地方"，"乱锁民人"，"买贫告富"，"问取规矩"；不得"越等进言，谗媚蔽聪"，"以致是非颠倒"，衙内招用人役，"必须姓埲具有愿结"，不招"外来新籍"；"所办夫马差事，必须照各处地方古例原额公派"等。强调"官为一司父母，谁敢不遵，但事权归一，不得乱有专权理案"。

　　由碑文可知，张氏土司一方面尊重辖区内的各少数民族，以取得当地少数民族及地方头人的支持："承姓埲十六五百水各处地方头人等，协力同心，凑数帮纳，厥功非小。嗣后官目及各寨地方头人等，务宜照单所议条约，尽心办理，毋得上下相违，以负屡世忠贞辅佐盛举。"一方面对自己和亲友作出了限定与约束："官族亲友人等，不得擅入十六五百水各处地方，私理民情，擅点诛票，乱锁民人；衙内大目小目以及头人役人等，无事不得擅入十六五百水各寨，唆人争讼，买贫告富，包揽诉讼；民间有事，不许官族亲人好友等问取规矩……"这样更有利于巩固自己的统治地位。也可见张氏第一任土司"虽以武起家，因颇尚文治，轻徭薄赋"的施政方略，使"苗民咸畏爱之，于是叛讨服怀"；最后实现"疆土大拓，广袤百余里"。也正因为较为妥善地处理好了与当地少数民族的关系，张氏土司传到二十二世时已到民国时期，对烂土地区统治长达 500 余年。

　　碑文对了解当时烂土长官司在该地区的统治情况以及土司与当地头人、各少数民族的关系，具有一定的历史价值。

依山傍水的三都水族自治县三合镇巴卯寨

MIJING
# 秘境
CHUKAI
# 初开

## ● 读不尽的都江古镇 ●

在历史长河中，都江曾是黔桂边境上政治、经济、文化的中心。作为历史的见证，都江镇为我们留下了历尽沧桑的古城垣。走进都江古镇，就像走进一座历史博物馆，里面陈列着数不尽的历史遗迹。

### 都江古城垣

古城垣坐落在都江镇的上江村，位于都柳江与排常河环绕的山坳里。清雍正十年（1732 年），贵州布政使常方伯亲临都江，视察这"扼都柳江航道之咽喉"，看到这里是兵家必争的军事要冲，便以"苗初归附，土城易圮，难资震慑"为由，向朝廷呈准修建石城。时任都江通判的邓澜花了两年的时间，于雍正十二年（1734 年）将此城建成。

都江古城垣呈椭圆形，周长 1915 米，墙身高 7 米，厚 2.5 米，设立东南西北四门城楼，建有 8 座炮台，是清初"改土归流"时期贵州设置的"新

## 都江古城的历史

都江古城的历史可以追溯到唐贞观三年（629年），唐太宗主政后，在这都柳江河畔的兵家要道设立应州府及都尚县，都江古镇即为应州府及都尚县治所所在地。应州府刺史（正五品）领管五县，即都尚（都江）、婆览（烂土）、应江（榕江）、罗恭（雷山）、施隆（台江）五县。

疆六厅"城建之一。据说当年城内建有通判署、文昌阁、关帝庙、城隍庙、万寿宫、炎帝宫、孔子庙、湖南会馆、江西会馆、驿馆等。都江厅副将的职衔为从二品，守备兵额达2200名，可见清廷对都江十分重视。

时至今日，这一座城池是八寨、丹江、清江、古州、台拱等六厅中唯一尚存的古城遗址，城垣上的累累"伤痕"见证了历史的沧桑巨变：清咸丰、同治年间的农民起义、黔南事变的飞机空袭……或战或乱，如今只剩下这默然无言的断壁残垣……

### 都江通判署

走进都江镇上江小学校内，居高之处有一栋全木结构抬梁歇山顶的青瓦木房，三重石阶引路，一对石狮镇守，面对青山绿水，居高临下，仍不失当年的雄壮与威武。它是贵州省仅存的唯一一

都江古城垣西城门遗址

都江通判署

处古通判署建筑，具有极大的历史文化价值，弥足珍贵。

都江通判署始建于清嘉庆十六年（1811 年），光绪元年（1875 年）重修，原有头门、仪门、对厅、两厢、正堂、二堂等，建筑面积 156.8 平方米，面阔三间，通面阔 14 米，进深三间，通进深 11.2 米。在屋子里抬头仰望，大梁上书写有一行文字："简放提督军门署上江协镇都督府黎平营参府辖荔波营兼辖都江各土司纳恩登额巴图鲁张樑重修，大清光绪元年岁次乙亥阳月上浣谷旦建造"，其中朱笔点斗的"张樑""大清"等字突出而醒目，题款末尾处的太极图，两条阴阳鱼好像在不停地游动。

都江通判署大梁上的文字

### 都江古道

古城内遗存着一段百余米的古道，是当年顺着较陡的地势修建而成的阶梯式古道。拾级而上，古道掩映于两棵高 30 多米、枝繁叶茂的榕树下。始建于清代的石板古道，路宽 3.3 米。如今，我们只能从皎洁的月光里回想当年古道两旁湖南会馆、江西会馆、驿馆的影子；从蟋蟀有节奏的鸣叫声中，想象昔日街道上形形色色的路人，或前呼后拥的官员，或招摇过市的优伶，或挑担吆喝的商贩；从都柳江哗哗的流水声中，感受到古城白天的喧闹和夜间的寂静……

### 万人坟

在都江古城南门外 60 米处的古

城乡义冢之坟墓碑

道边上，柏树森森，青松苍翠。俗称"万人坟"的城乡义冢就坐落在这里。万人坟是圆形土包墓，前面立望山单面碑一块，这座占地面积13平方米的坟墓看似平淡无奇，但它却是历史的见证，是都江古城在战争中结下的永远脱不下的伤痂。

墓前的石碑高1.95米，宽1.04米，厚0.12米。眉横题"万古流芳"；正中竖题"城乡义冢之坟墓"七个大字；右边刻都江通判文芳藩与上江协副将张樑撰文，计182字；左边刻上江街绅士李莲、刘廷选等撰记，共186字，均楷书阴刻。碑文记述了清咸丰五年（1855年）都江苗族、水族起义反清遭到残酷镇压的史实。很难想象坟墓里掩埋着数十担的枯骨，其中有来自他乡的清军官兵，有当地水族、苗族等民族同胞的义军官兵，当然也少不了无辜的平民百姓。当年他们各为其主，流血献身；死后竟然全都躺在这里，不分敌我、不问族别、不计尊卑、不论阶级地合为一冢，奇乎？怪乎？是耶？非耶？不能不令人感叹欷歔！

### 上下两井

王立云在《都江纪要》一文中，对古城的饮水如是说道："城中跬步皆山，艰于水，城南里许，有龙泉一。源虽不丰，却四季不竭。"古城虽然在都柳江边，却身在半坡之上，为解决日用饮水比较困难的问题，遂在城中挖掘出这两口水井。而今古城里的两口古井就像温情的母亲，用她甜美的乳汁哺育着她的儿女。

这两口古井按其位置分为下井、上井。下井的历史较上井早。上井位于上江村旧都江厅城内，始建于清道光八年（1828年），用条石砌筑，井口长3.2米，宽2米，深2米，内设七级阶梯，便于水位较低的时候取水。井边立有"功垂不朽"石碑一通，碑文记载建井年代及捐款人情况等。下井位于上江村旧都江厅西城门南侧约100米处。始建于乾隆八年（1743年），用条石砌筑，井口长3.25米，宽2.48米，深3.3米，内设六级阶梯，出水口为内壁东北之垂直岩层，井旁也同样立有一通石碑。

炎热的夏天井水冰凉可口。现在从井口晶莹光滑的石头倒映在井中的影子里，我们似乎仍能看到昔日晨光熹微到暮色降临，络绎不绝的挑水人前前后后地在这里闪过；似乎仍能听到一天到晚桶儿叮叮当当地响。

历史的烽烟似乎已经淡去，而都江古镇却犹如一位饱经沧桑的老人，默默地向人们诉说着历史的变迁……

# ● 姑鲁产蛋崖 ●

只听说母鸡会下蛋、鸭会下蛋、鸟会下蛋……石头也会下蛋吗？那可真是闻所未闻的事情。然而"石头下蛋"的事还真的在三都水族自治县三合镇姑鲁村出现了，并且已有很长很长时间了，要不怎么会流传着"岩鹰下蛋"的传说呢！

在三都水族自治县尧人山西麓一个叫做姑挂的小溪边，耸立着一座雄伟的高崖，远远望去，高崖酷似一只岩鹰，头部高高昂起，鹰嘴突出向天，两翅展开欲飞，尾巴伸出盖住一堵硕大的石壁。就在这石壁上每隔30年出现一个石臼，然后从石臼里脱落出来一个脸盆大小的石蛋，光滑圆润。这就是人们所说的岩鹰下蛋。

传说在很久以前，尧人山山顶的大阴潭里，有两条怪龙，作恶多端，黄龙喜喷水，黑龙爱吸水，如此一来，山下的水族人可遭罪了。黄龙动辄把大阴潭里的水喷出，冲毁沟渠，淹没庄稼；黑龙则时不时把大阴潭里的水吸干，导致溪水断流，田禾干枯，没有收成。人们生活越发艰难，于是把这一情况告诉了陆铎公（水族供奉的祖神，传说也是水书的创制人）。

一天，陆铎公带上一直守护在身边的大岩鹰来到大阴潭。见到黄、黑二龙正在作恶，时而潭水轰轰地往外奔腾，时而消匿得差点见到潭底。陆

崖壁上的石蛋

准备下蛋的崖壁

姑鲁寨寨门

铎公将手里的三棵芭茅草往大阴潭扬了三下，黄龙把头露出水面，岩鹰猛扑过去，不偏不倚，尖尖的弯弯的鹰嘴狠狠地啄中了黄龙的左眼。扭打中，岩鹰收紧翅膀，用尽全力啄向黄龙的右眼时，黑龙突然蹿了出来，甩出长长的尾巴紧紧缠住岩鹰，岩鹰猛然使劲拔出鹰喙，两翅如剪刀一般，把黑龙的尾巴剪断成两截，正要乘胜追击的时候，黄龙又猛扑过来。就这样岩鹰与黄、黑二龙打斗了七天七夜，最后岩鹰才把这两条恶龙打败。可是两条恶龙本性不改，潜入潭底一段时间后，又出来吞吐潭水，危害百姓。陆铎公带领岩鹰再次与恶龙搏斗，最终战胜了黄、黑二龙。陆铎公轻轻地抚摸着岩鹰的头说："岩鹰啊，这地方的水族人已经离不开你了，没有了你，他们无法生存，你就镇守在这里吧，免得黄、黑二龙再来作恶。"岩鹰深知不能违背主人的旨意，噙满泪水地问归期，陆铎公对它说："你每30年下一个蛋，下满666个蛋，我就过来接你回去。"从此，大岩鹰不分白天黑夜，一直镇守在姑挂的水沟边上，让居住在这里的水族人安居乐业。岩鹰按陆铎公的交代，30年下一个蛋，如今已经下了68个，它在这里也有两千年之久了。

　　岩鹰的义举一传十、十传百地传播开来，每当过端节的时候，许多村寨的人们都要来这里敬供下蛋的岩鹰。做生意的人认为石崖有灵气，它能给人带来好运；新婚的夫妇则认为，连石头都会下蛋，祭拜它一定能生下可爱的宝宝；还有的人认为下蛋的石崖能保佑人们健康长寿……而今，每当逢年过节的时候，附近村寨的人们都要到岩鹰下蛋的地方敬献供品，表达对岩鹰的敬意。

　　地质学家于洸、王连芳、许荣华、潘云唐等实地考察姑鲁产蛋崖后，一致认为这是极其罕见的地质现象，至于石蛋的成因，还需作深入的研究论证。现在常常有天南海北的人不远千里地过来一睹岩鹰下蛋的风采。文学家、艺术家和旅游观光的游客，或到这里寻找创作的灵感，或在这里颐养身心。在这里他们可以住上古朴舒爽的水家吊脚楼，亲身感受世外桃源般的田园风光，听一听优美动听的水族民歌，品尝醇香的水家米酒，触摸到文化气息厚重的水书典籍，参与古朴的水族民俗活动。

　　姑鲁产蛋崖景区 2010 年被评为"贵州十大魅力旅游景区"，是三都水族自治县首个荣膺国家 3A 景区的景点。

姑鲁产蛋崖景区入口

三都水族自治县九阡镇水懂村大寨石板墓

石板墓上的舞蹈图案

石板墓上的故事图案

## ● 石板墓 ●

水族注重厚葬，一方面表现在隆重的葬仪上，另一方面表现在坟墓的形式上。水族石板墓形制在其他民族的墓葬中未曾发现。石板墓，有的又叫石棺墓。这种墓在水族地区较为常见，比较典型的有三都水族自治县水龙乡引朗石板墓、九阡镇石板墓、都江镇甲找石板墓，荔波县水甫石板墓。据考证，石板墓以清代的居多，也有明代的墓室。

石板墓呈长方形，一般有三层：下层安放棺材，中、上层存放陪葬的衣物、首饰和其他物品等。石板墓形状因建造时间、地域、墓主身份等不同而略有差异。如位于三都县城南约23公里的引朗石板墓群，共9座，均用8～12厘米厚的整块石板砌成长方形的石匣。墓室分上、中、下三层，整座墓高约2.2米，墓顶覆盖瓦形石块，有水族"干栏"建筑的风格。墓群中7座墓的中层石壁外面雕刻着各式图案，图形有狮子、麒麟、大象、牛羊、凤凰、仙鹤、八哥、树木、花草、葫芦等，还有骑马作战图、人物出行图、放牧图、八仙图。这些图案中，有人物活动的均刻在上层墓室两边，下层为动物图。仙鹤与凤凰图在墓的后面,上为仙鹤,下为凤凰。有2座墓的上层正面为葫芦图案。所有图案均为浅浮雕,雕刻技艺精湛,栩栩如生。

荔波县玉屏镇水甫村板本寨石板墓群的造型与引朗石板墓的差异较大,其基本结构为土外上层和中层,土内底层三部分。每层都用石板围砌成长方体,土外上、中层全空。土外上层长2.1米,宽1米,高0.9米;土外中层长2.3米,宽1.2米,高0.93米;土内层长2.05米,宽0.9米,高0.8米,尸体置于土内层棺内。整座坟墓高出地面1.83米。土外上、中层四周石板雕刻有各种飞禽走兽、龙凤花纹、仕女图案,有的中层两头刻有铜鼓图案。这一组石板墓的前面及左右都配置有石供台、石人、石兽、石桌、石凳、石亭等石刻。特别是墓顶石刻更为精美,有的雕刻成麒麟猛兽,有的雕刻成凤凰鸳鸯,有的雕刻成双龙戏珠。

三都水族自治县都江镇甲找石板墓,其年代要早于以上两地的石板墓,因而雕刻艺术相对比较古朴。甲找石板墓也是用石板镶砌成长方形的石匣墓室,石板间有槽相接,墓室三层相叠,死者安放于地下一层,地面上所见为两层,每层以大石板隔开,其上再用大石板覆盖。每层墓壁两边,立有3根厚约10厘米、宽12厘米的石柱,以支撑上一层的石板,石柱上饰以几何图案,墓两端的石板每层各向内缩进20

荔波县玉屏镇水甫石板墓

厘米左右。石板墓突出的地方在于上层墓室四面皆为同一形式的、类似木结构建筑剖切面图。重檐、屋顶呈平顶状，檐角均翘起，下层柱子不伸出楼面，楼上的中柱与下层中柱在一条直线上，檐柱向内缩进。整座墓碑没有任何文字，约为明末年间的墓葬。这些水族石板墓群目前已被列为全国重点文物保护单位。

三都水族自治县三合镇姑鲁吴母平氏墓

水族的"仿'干栏式'石板墓"反映了水族的祖先崇拜和灵魂不灭的观念。水族人相信祖先神灵就在自己周围，并随时保佑着子孙后代。因此，子孙要为死者作好生活的安排。于是，在墓室的地面上，仿照死者生前居住的房屋，修建一个墓室，这就是仿"干栏式"的地面墓室。

水族仿"干栏式"住房修建的地面墓室，是约定俗成，其形制由师父口传手教，因而墓葬之间存在着差异。清初"开辟苗疆"后，汉文化的传入，对水族墓葬有很大的影响。汉式房屋的形制多种多样，水族工匠对汉文化的认识和理解也不尽相同，他们在修建水族墓葬时，对汉式房屋因素的取舍，也不尽相同，所以，水族各地区墓葬也存在一定的差异。

独山县本寨水族乡天星寨韦占科墓碑

## ● 抗战遗址 ●

20世纪30~40年代，我国军民与日本侵略者进行了长达8年之久的抗日战争。居住在月亮山麓的水族同胞也有着一段可歌可泣的抗战历史，这一段历史与一个叫石板寨的村庄紧紧地联系着。

1985年，石板寨被贵州省人民政府列为省级文物保护单位，1998年被黔南布依族苗族自治州列为爱国主义教育基地

石板寨的老人们清楚地记得，1944年11月，日军兵分两路，一路沿着铁路进犯独山；一路则进犯黔桂交界的黎明关，经佳荣进入水族地区，过十里长坡，逼近80多户人家的水族村庄——石板寨。

石板寨位于今三都水族自治县南部的九阡镇，距县城约69公里。山寨背靠大山，历史上为了保护山寨，在寨老的指挥下，全寨人群策群力，修筑起高2米、厚1米多的围墙。聪明的寨老指挥后生修筑围墙的时候，有意识地把周围几十株高大挺拔的松树、柏树连接起来。不仅如此，还在墙边栽上茂密的竹林，让外人难探寨中的虚实。围墙上旺盛的刺蓬，不但根须起到坚固墙体的作用，而且锋利的荆棘犹如利刃一样。围墙中开有前、后、左、右四个寨门，一旦有事，便有人把守，外人难以进寨。因为已经有了这样人工和天然相结合的堡垒，更加坚定

石板寨山门

李华著《石门寨的枪声》

张宗铭等著《水族人的抗战》

了石板寨人抵御外敌的信心和决心。

当日军逼近寨子时，村民潘秀辉、潘神、潘老发、潘晓等50余人自发组织起来，一边组织老弱孺幼从后门上山进洞躲避，一边凭借寨墙作屏障抗击日寇。1944年11月28日下午，日寇来到石板寨边，见寨子护卫森严，夜幕快降临，不敢贸然进寨。日军便退到寨外100多米的田坝上生火宿营，这给村民们创造了"我们在暗处，敌人在明处"的有利条件。尽管敌我力量悬殊，不畏强暴的村民们入夜后不断地偷袭日寇，当晚就打死了8个小鬼子，缴获防毒面具、钢盔及一些弹药等物资，打击了日寇的嚣张气焰。第二天拂晓，日寇探明这只是一个山寨的时候，使用火炮攻击，村民终因寡不敌众，退到后山，石板寨被攻陷。日寇进村后，烧毁房屋60栋、粮仓80余个。石板寨战斗中，4名水族同胞为国捐躯。至今寨墙的弹痕仍在向人们控诉着日军当年的残暴罪行。

20世纪末，黔南布依族苗族自治州史志办主任李华先生应邀到水族地区过端节，在一次偶然的机会，他听到石板寨的前辈讲述当年英勇抗日的可歌可泣的悲壮故事，观看了弹痕累累的寨墙，还有为国捐躯的4个英雄那荒草萋萋的坟茔，这位汉族作家深深地被水族人的爱国情怀所感动，即以此为题材创作了中篇小说《石门寨的枪声》，小说中的主人公水辉、水法就是以潘秀辉、潘老发为创作原型的。

    与石板寨结缘的还有一位作家，他就是张宗铭先生。作为在月亮山麓长大的水族人、贵州省委委员、贵州日报报业集团党委书记姚远先生是这样描述的，1980年冬的一天，张先生到水族地区采风，恰好是九阡赶场的日子，他目睹了在初冬的暮色中，上千赶集的男女老少静静地伫立在场坝上，聆听歌手在广播中唱水歌而无人肯离去。他虽然听不懂水歌的内容，却为千人伫立静听的场面所感动。第二天清晨，他循着石板寨的踩碓声走进一户农家的碓房，看见了一个美得超凡脱俗的水族姑娘正在踩碓，于是水族地区风光美、歌美、人美的画面便深深地嵌入张先生的脑海中，时常令他魂牵梦萦，他就这样一步步地走入水族人民的生活，花费数年时间搜集资料，辛勤写作，于2011年出版了长篇小说——《水族人的抗战》。

    翻开历史，世代居住在黔桂边境的水族儿女，宋代有蒙承贵、清朝有潘清简揭竿而起，20世纪更出现了捐躯赴国难、视死如归的革命英烈邓恩铭，水族人光荣的历史和民族反暴精神一脉相承。石板寨抗战遗址是水族人民不畏强暴抗击侵略的见证，也是水族人民热爱和平，但是也不畏惧战争的民族精神之见证。

石板寨

## ● 对面山上的怎雷寨 ●

怎雷寨概况

　　怎雷寨距三都县城41公里，与都江古城隔河相望，分为上、中、下三个自然寨，水族聚居上寨，苗族聚居中寨和下寨。全村现共有203户，1024人，水族人口占61%，苗族人口占39%。2010年12月，怎雷寨被国家建设部和文物局命名"中国历史文化名镇名村"，是贵州首批17个获此命名的村寨之一。

　　"怎雷"是水语音译，意为"高山下的寨子"。

　　从山顶上鸟瞰怎雷寨，宛如一个朴实无华而又非常靓丽的水族姑娘，熟睡在静谧的青山绿水中。绿野为床，薄雾为纱，她睡得那样安详，那样恬静，让远观的人都为她而感到惬意！掩映在青山耸翠里的怎雷寨，悬崖峭壁为屏，峡谷深涧为带，峰峦簇拥，森林呵护，可谓是：松涛溪韵真佳乐，鸟鸣虫唱是清音。

　　怎雷上寨的水族同胞这样代代相传着他们迁徙到这里的历史：300年前，水族同胞来到这里时，苗族同胞早已在这一带繁衍生息近千年，有十数个大大小小的寨子，上千户人家，四五千人。其中，以排场寨为最大，李姓占绝大部分，常姓和姚姓仅占少数。他们一方面与恶劣的大自然斗争，开垦田土，种棉种粮，以

怎雷鸟瞰图

保证生存和发展；另一方面还要组织起来，抗击不断前来掳掠的强盗和官兵。因此长时间形成来者不善的排外心理，通常情况下，除非是来寨中做佣人，否则绝不允许陌生人进寨，还专门设岗把守。

300 年前的一天，一个衣衫褴褛、叫花子模样的年轻人只身来到排场苗寨，对站岗的苗兵说，他已经好几天没吃没喝，饥渴难耐，前来讨口水喝，讨碗饭吃。苗兵看他那又饥又渴的样子，动了恻隐之心，就放他进寨。他进寨后，找到一户较穷的人家，说是可以帮忙干活，不要工钱，只要能吃饱就行了。这户人家看他高大、老实，就把他留下了。

这个年轻人其实并不是真正的叫花子，而是个多才多艺、勤劳肯干、待人礼貌、乐于助人的水族后生，名字叫韦怪。他深谙水书，能用水书中的知识帮人们选择婚丧嫁娶的吉日良辰或驱邪避鬼；还懂得不少医药知识，会用各种草药为人们疗伤、治病等，深受寨中老少的称赞。有一次，韦怪在水井边捡到一套项圈、项链、手镯等苗家姑娘的银饰，就用扁担挂着满寨子询问，看是谁家丢的。走遍了大半个寨子，还没有人认领。当他来到寨主家门前询问时，寨主的独生女儿正在为自己遗失的银饰而伤心，听到声音，出来一看，正是自己的心爱之物，就破涕为笑，忙请韦怪进屋。于是寨主对这个异乡青年很是信任，就把他留在自己家当帮工。又有一次，寨中失火，火势很猛，水源又远，仅凭人力，根本无法扑灭，全寨老少哭声震天。韦怪用水书里的知识组织大家扑火，逐渐控制住火势，最终扑灭了大火，最大限度地减少了损失。苗族同胞对韦怪更是敬重有加了。就在灭火后的庆功大会上，寨主宣布把自己的宝贝女儿许配给他。从此，韦怪就正式成了寨主家的一员，成了苗寨中的一员。

天有不测风云。寨主唯一的儿子在一次斗牛活动中，不幸死于暴怒的公牛蹄下。寨主悲痛万分，无心管理村寨，寨子分裂，很多人搬了出去。后来寨中发生瘟疫，又死了很多人，又有一部分人搬出去了。韦怪也领着妻儿搬出排场寨，与寨中剩余的苗族住户一起来到五里外的辣椒地搭棚暂住。这片辣椒地就是现在的怎雷村所在地，韦怪就是现在怎雷上寨韦姓水族村民共同的祖先，从他们搬到这里至今已有 15 代，约 300 年的历史。怎雷寨逐渐形成现在水苗同胞肝胆相照、和睦相处的和谐格局。

怎雷寨是典型的依山而建的山寨，建筑为干栏式木房。现在还保留有十余栋上百年的老房子，其中最具特色的是韦锦前的住宅。据主人家说，这栋房子是清代的水族传统建筑，在这里面居住过的至少有六代人。房子坐东朝西，全木结构，青瓦为顶，一楼一底。楼上为人居住之所，楼下为石碓、杂物间及牲畜圈房。平面布局为"三间两厦"，面阔 13.84 米，进深 6.62 米，底层高 2.09 米，二层高 5.08 米。其建造特点是先建底层作为平台，再于其上建二层楼房，上下层立柱互不连通，周围不设走廊、阳台。怎雷寨的这些古建筑，可以说其样式、结构等是我国南方古越人"干栏"建筑的遗存。现在新式木屋的柱子不分上下两截，而是一柱到顶，减少了多立一次的麻烦；房子的上层正面还增设了走廊和栏杆，既便于通行，又增加了美感。

　　非常具有特色的是怎雷寨水族过端节的习俗与其他水族地区并不相同。据传当年韦怪用自己勤劳的双手，重建家园，有了丰收后，他就决定杀猪宰羊来庆祝水族端节。他以十二地支的戌日为三十晚，按水族习俗当晚要忌猪油猪肉，只吃鱼。寨里的苗族觉得很有意义，也杀猪宰羊过端节庆丰收。他们开始也忌油，可想到只是那晚不能吃油，不如提前到酉日来过就不用忌油了。所以苗族后来就改在酉日过端节，而韦怪仍然坚持在戌日过。前一天苗族过端节，家家户户都来请韦怪一家同吃。第二天韦怪家过端节，又请全寨苗族同吃。再后来，苗族同胞看到韦怪这样招待下去，经济上、精力上都受不了，就对他说："你

怎雷寨

跟我们同时过算了，没有必要在第二天单独过，也不要忌油了。"韦怪想想也有道理，就接受了他们的建议。就这样，怎雷水族就改在酉日与苗族一起过端节，也不忌油。这个风俗一直传承到现在。这是怎雷端节与其他地方端节的不同之处，其他地方的端节都在亥日、午日、未日过，当晚都要忌油。

怎雷田园风光

更使人感到亲切的是，怎雷的水族也过苗族最隆重的节日吃新节，这也是其他地方水族所没有的习俗。苗族也过端节，水族也过吃新节，这是水族和苗族人民和谐共处的有力例证。还有在语言上，上寨的水族同胞也会讲苗话，中寨和下寨的苗族也会讲水话，日常生活中他们亲如手足，互相帮助，共同

随芦笙起舞

克服困难。据说分田到户不久，下寨有个困难户，男人不幸去世，家里只有中年妇女拉扯着两三个年幼的子女。有一天她家的耕牛走丢了，她和孩子们无望地号啕大哭。悲痛的哭声传到上寨，水族青年自发组织起来，随后中寨和下寨的人也集中起来，大家分头出去为她家寻找耕牛，幽谷里，森林中，水沟边，深洞旁，大家到处找了整整一天一夜，终于找到了丢失的耕牛。这家母子想杀家里的架子猪给大家吃，以表示感谢，上寨的水族小伙说："你们家本来就困难，要是再杀你们的猪来吃，不就等于花费掉耕牛一半的钱，这忙我们还不如不帮呢！"就这样大家虽然辛苦却没有半句怨言，各自回家吃饭。水族和苗族同胞就是这样通过不断地无偿地互助来巩固和加深他们之间的情感，谱写一曲曲"远亲不如近邻"的和谐乐章。

怎雷寨建有"水族生态博物馆"，动态陈列展示当地水族宝贵的文化遗产。这里还设有专门的水族歌舞和民俗表演场，优美的芦笙舞、热烈的斗牛舞、古朴的铜鼓舞让人们一饱眼福，流连忘返。

## ● 枫香林里的榔木寨 ●

　　榔木寨，寨子内外枫香古树参天，环境十分清幽，古朴典雅的木房鳞次栉比，掩映其间。这是一个距离都匀市区 24 公里的水族村寨。

　　古时候，这个寨子的周围就是古树环绕，水族的先人以林为名，称寨子为"古树林"。古树林中的寨脚生长有一棵两人合抱大的榔木树，关于这棵榔木树，还流传着一个传说故事。

　　有一年冬天，一群放牛娃在榔木树下烧火取暖，不小心把树干烧了大半边，但榔木树没有被烧死，反而长得枝繁叶茂，几年时间，就有五六个人合抱那么粗。被火烧过的那半边变成了一个大洞，里面可以摆一张八仙桌。遇到刮大风的时候，树洞里就发出"呼！呼！"的叫声。在烈日当空的夏天，树冠下还飘着毛毛细雨，人们都感到这棵大树有些古怪。路过的行人都议论说，这棵大树有灵气，能保寨村平安，这个寨子里的人真有福气。有的则说，这么大的树可能要变成精怪了。

　　后来，在一个电闪雷鸣的晚上，一场暴风雨过后，这棵榔木树果真变成了"精怪"。每当细雨蒙蒙的天气，或者是月色朦胧的夜晚，"榔木精怪"就变化成一个漂亮的姑娘，一手打着花伞，一手拿着花手绢，

榔木寨寨门

站在树下，挑逗那些过路的青年。附近村寨有一位年轻的秀才路过椆木树下，看见一位美貌如花的姑娘在挑逗他，就禁不住走上前去。那姑娘朝他发出一阵银铃般的笑声后，绕着大树跑圈子，秀才尾追了一圈，眼前的姑娘却神秘地消失了。秀才回到家里茶不思饭不想，一心想着大树下那美好的情景。

接连几天晚上，秀才瞒着家里的人说，要到外面迎接一位远方来的同窗好友。实际上他是趁着月光，赶到椆木树下寻找那位漂亮的姑娘，可是每天晚上等到鸡叫三更也不见姑娘的影子。结果一气之下秀才病倒在床，滴水不进，几天就枯瘦得皮包骨头，不到一个月就命归黄泉了。家里的人去向"保公"求教，"保公"说秀才可能是中"椆木精怪"的邪气了，还提醒大家以后路过大树下的时候，不要随便开口与人说话，防止被"椆木精怪"所害。为此，有人就提出把椆木树砍掉，但"保公"说万万使不得，如果砍了椆木树寨子会有灾星，它如果再作恶总会有高人来收拾的。

有一天，一位落第秀才钻进椆木树洞里过夜，在睡梦中听到树洞边有人在自言自语："这个地方的人太精明，没有人再来理我。我只好找其他人了。听说有一个年轻的将军从广西顺都柳江上来去贵阳，明天清早路过三都大河隘口，那里离村寨远，又是峡谷险滩，我就在那里戏弄他一下，好解我心中的愤恨。"秀才听了，被吓得从梦中醒来。梦中的事他也不知是真是假，想了一下还是宁可信其有，不可信其无，应该赶快把这件事告诉那位过路的将军。

于是，他不等到鸡叫就翻身起来赶路，天麻麻亮就来到隘口。刚坐下来休息，就听到不远处传来"得！得！"的马蹄声，他站起来往前看，果然有一位身材魁梧、披挂盔甲、骑着一匹枣红大马的年轻将军，威风凛凛地迎面而来。他迎上前去跪倒在地，年轻的将军见了，赶紧翻身下马问他有什么事情，他一五一十把昨晚上的事讲了出来。话音刚落，突然天空乌云翻滚，刮起一阵狂风，路坎下深滩的水面上顿时卷起一个巨大的漩涡。年轻的将军差一点被风刮倒，他反手从背上抽出弓箭，朝着水滩的漩涡射了一支铜箭，水面马上恢复了平静，空中天开云散，一切回归正常。他谢了秀才，跃身上马继续朝前赶路。

当年轻的将军走到椆木树下时，抬头一看，他的那支铜箭就插在树腰上，他跃身跳上去拔下铜箭，然后进村寨去把这件事情的经过告

都匀市奉合水族乡榔木寨

诉大家。第二天，人们就发现寨脚那棵榔木树的叶子变得枯黄，后来这棵树慢慢地枯死了。不久这件事就传遍了整个水族地区，使这个原来名叫"老树林"的地方远近闻名。因此，人们不约而同地把这个寨名改称为"榔木寨"。至今，都匀的水族地区还流传着这样的歌谣："水家山寨古树林，寨脚榔木变成精；过路将军放一箭，榔木寨子得扬名。"

　　榔木寨中一层层的木房掩映在青翠的林木之中，炊烟袅袅，俨然一幅精致的山水田园风光图画。

　　当有朋自远方来，雄浑的铜鼓声令人震撼，悠扬动听的芦笙曲令人亢奋。客人尚未踏进寨门，便感受到了水家人的热情。

　　酒宴间那醇香的米酒、鲜美的清水煮鱼，加上优美的敬酒歌，让您品尝色、香、味、情俱全的盛宴。入夜之后，观赏灯下泛黄的水书卷本，聆听古声古韵的读唱，您的思绪不知不觉地被引入幽深的历史时空……

寨门迎宾

NIANJIE
# 年节
YIJIU
## 依旧

### ● 到了端节来过年 ●

在水族所有的节庆活动中，端节的地域最广，人数最多，尤其是其时间跨度之长为世界之最，故而被誉为"世界上最长的年节"。

关于端节的由来，水族地区流传着许多传说。其中之一为：

很古很古的时候，水族的一位老祖宗拱登（拱登，水语音译，"拱"意为公，"登"是他的名字；也有共同的老祖宗之意），带着百姓们背着世代相传的铜鼓，带着生产工具到处逃荒，历经千辛万苦，终于来到了现今三都的三洞。拱登看到这里方圆几百里有山有水有树有草有坝子，非常高兴地说："这正是祖先为我们安排的好住处啊！"于是他就叫大家分为几支各自选择地方居住，开创新的家园，并约定三年后的水历年底全部到三洞团聚。

到了第三年年底，分居各地的各支族人用马驮着糯米、高粱、小米、

黄豆、南瓜等，回到三洞团聚，看望老祖公拱登。三年不见面了，而今全都欢聚一堂，大家高兴地敲响铜鼓和皮鼓，手拉着手围成圆圈欢歌起舞。同时又制作鲜美的"鱼包韭菜"，连同糯米饭、米酒等供品摆放齐整地祭奠远祖。而后大家唱起敬酒歌，按祖先传下来的礼仪，大家全部围成一圈站立起来，高举酒盅，喝"团圆交杯酒"——从左至右，我端杯敬给你喝，你端杯敬给他喝，依次转上一圈，表示你中有我，我中有你，大家同心同德，心往一处想，劲往一处使，永远团结在一起。每干一杯，众人齐声高呼："秀！秀！秀！"（秀，水语音译，干杯的意思）喊声整齐洪亮，喊得周围的山山水水全都一起来回应。

> **端节习俗**
>
> 　　端节是水族最为隆重的喜庆佳节，水族叫"睢借端"（水语音译），"睢"是水族的自称，"借"意为吃，"睢借端"意为水族过端节。端节源于以血缘为纽带的祭祀祖先的水族民间习俗，时间在每年水历十二月至次年二月上旬（即农历八月至十月上旬），主要以亥日，亦有以午日、未日等日为节期。水族地区按长期形成的习惯，依照特定的顺序，分为7批过端节（历史上曾分9批过端节），分批分地方举办各种端节活动。

端节祭祖时的长桌宴

　　正当大家十分欢乐的时候，官家带着一队兵马，气势汹汹地围过来，硬说这一带地方是官家的领地，地下还埋着他的金银财宝，便要霸占水族人千辛万苦开辟出来的家园。大家哪里肯让官家的诡计得逞？那官家冷笑一声，便叫手下的一个兵丁拿来锄头，竟然一下子就挖出一锭银子，大家都愣住了。拱登仔细地看了看银子，又看见那个兵丁竟然穿的是长袍大袖的衣服，马上明白这是官家搞的鬼名堂。他不慌不忙地说道："只有银锭表面粘了点泥巴，锭窝里一点泥巴都没有，而且也没有埋藏银子的土罐。这是为什么？这锭银子肯定是你刚刚丢下去的！想要霸占我们水家的地方，休想！"族人们一听，恍然大悟，齐声高呼："说得好，说得好！"官家的诡计被戳穿了，又无法抵赖，恼羞成怒，便指挥兵丁们动起刀枪来。愤怒的水族人挥动锄头、镰刀、斧头、扁担一齐向官兵们冲去。虽然水族人也有不少战死、受伤，但是凶恶贪婪的官兵还是被赶跑了。水族先民齐心协力地保住了自己的家园。

　　当晚，拱登梦见一位银发银须的仙人对他说："明天官家还要放瘟疫来害你们。你们全都要登上坡顶，坡顶上八面来风，就不会被害了。"拱登从梦中惊醒，连忙叫族人收拾好东西登上坡顶。果然，坡顶微风习习，空气好极了，官家放瘟疫的诡计又没得逞。官家和他的兵丁们也全都被水族人吓破了胆，又见水族人占据了坡顶这有利地形，再也不敢来了。

　　那一天，人们坐在坡上休息，娃娃们有的四处乱跑，有的哭闹不止，而那些拴在树上的马有的昂头嘶鸣，有的扬鬃踢腿，看马的人怎么也约束不住。拱登见了说道："这里正好是个荒坡，你们带来的马全都拴不住了，何不在这坡上赛马一比高下？这样，一来庆祝我们的胜利，二来也可以让娃娃们高兴高兴，让大家图个热闹呀！"后生们都说："好！好！"后生们将几十匹马牵到坡脚，一字儿排开。随着拱登一声令下，后生们扬鞭跃马，争先恐后地向坡顶冲去，呐喊声、欢呼声、鼓掌声响遍了整个山坡。后来，端坡赛马便成为水族人过端节的一项重要活动。

　　从此以后，每逢水历年底，水族人依照旧俗全都带上丰收之物来到三洞团圆。后来，大家觉得每年的端节全都要走很远的路带很多的东西来三洞实在不方便，便要求把端节分开来过，还可以让分居各地

端节起舞

端节转转连心酒

端节祭祀

端坡赛马

的族人趁此佳节探亲访友，加深感情。拱登同意大家的意见，郑重地对族人说："我们全都是托远祖的福，才能到这么好的地方居住。远祖过世的那天是狗场天（戌日），安葬那天是猪场天（亥日），以后就以水历十二月的第一个猪场天为我们水家人的端节吧！"大家都说："好！好！"那么到底让哪一支族人先过端节呢？拱登公想出了一个十分公平而又便于施行的办法：让各支族人选定一人下田摸鱼，在规定的时间内按摸到的鱼的多少来确定各地族人过端节的次序。结果住在都匀套头的族人抓到的鱼最多，于是他们第一批过端节，其他地方的水族也按照这一方法确定了过端节的顺序，分别确定了九批。后来有的地方过端节的时间有了变动，逐渐形成延续至今的整个水族地区分七批过端节的传统习俗。

　　水族过端节期间，要举办祭祀祖宗、祭祀天地、敲击铜鼓、唱歌跳舞、端坡赛马等传统习俗活动。有一首水族民谣唱道：

> 九月里，新谷满仓；
> 端节到，喜气洋洋。
> 捉田鱼，酿好甜酒；
> 喂好马，缝新衣裳。
> 过端节，夜间吃素；
> 清早起，杀猪宰羊。
> 祭天地，风调雨顺；
> 供祖宗，赐福吉昌。

庆丰收，走亲访友；

敲铜鼓，笙歌嘹亮。

马坡上，人山人海；

一面面，旗帜飘扬。

后生们，跨上骏马；

齐争先，意气昂昂。

谁最快，胸佩红花；

欢呼声，响彻山岗！

快到端节时，家家户户打扫卫生，开塘捉鱼，宰猪杀鸡磨豆腐，村村寨寨洋溢着吉祥欢乐的气氛。

亥日清晨，设素席祭祀祖宗。水家的素席，忌用猪、牛、羊、马、鸡、鸭等肉，但不忌鱼，而且鱼包韭菜是必备的祭品，以祈求祖宗神灵赐福，年年有余，年年生活如鱼得水，事事如意。特别值得一提的是，端节祭品中还需陈列农具及衣服鞋帽，其内涵是不忘祖宗功德，铭记祖宗遗训，齐心协力发展生产，造福万代子孙，从而体现出水族人对祖宗的崇敬和怀念，对美好生活的向往和追求。

设祭之后，全寨老幼欢聚在一起敲击铜鼓、皮鼓，欢歌起舞，而后相互邀约。挨家挨户喝"团圆交杯酒"，互祝安康吉祥，共祈来年万事如意。

午饭后，全寨老幼和远道而来的亲朋好友、各族民众一起拥向端坡。寨老在端坡举行完祭祖祭坡仪式之后，首先骑着马沿坡道遛上一圈为赛马开道，祝愿全族人民新的一年心想事成、马到成功。随着寨老的一声令下，只见数十名骑手跨上骏马争先恐后地向坡顶冲去。端坡赛马时骑手们骑的都是未放鞍辔的光背马，往往是几十个骑手难分先后，几十匹马相互碰撞。端坡上，马蹄声、呐喊声、喝彩声、欢呼声响彻云霄，端坡成了欢乐的海洋。

傍晚时分，余兴未尽的人们返回寨中，亲朋好友相聚在火塘边享用丰盛的端节晚宴——这时才可以开荤，鸡鸭鱼肉和水族特制的佳酿九阡酒全都端上来，家家户户不断传出"秀！秀！秀！"的欢呼声。晚宴之后，男女老幼欢聚一堂，敲响铜鼓，吹起芦笙，手拉手联袂而舞，水家村寨的端节之夜沉浸在祥和的气氛中。

## ● 到了卯节唱情歌 ●

　　卯节是水族又一个隆重喜庆的节日。水族地区，过端节的不过卯节，过卯节的不过端节，这是水族地区一个很有趣的民俗现象。卯节亦如过端节一般，分四批次过节，十分隆重。流传在三都水族自治县九阡地区的一首水族民歌这样唱道：

三都水族自治县九阡镇水各卯节拦门迎宾

卯节到，大好风光；
亲友们，来自四方。
小伙子，英俊健朗；
姑娘们，银饰闪亮。
对情歌，自选配偶；
花伞下，彩蝶成双。
卯坡上，人山人海；
水族人，喜气洋洋。

　　这首水族民歌，以精练而形象的语言，为我们生动地描绘出水族人民欢度卯节的情景，令人心驰神往。

卯节卯坡

水家节日歌唱道:"第一卯,水利的卯;第二卯,洞坨的卯;第三卯,水扒浦卯;第四卯,九阡卯。九阡宽,吃卯殿后。"头三批卯节在荔波境内,第四批卯节,除三都的九阡、水各、周覃外,荔波的岜鲜、水维、永康等乡的水族人,也在最后一批过卯节。

卯坡上的水书雕塑

关于卯节的来历,水族地区有不少奇妙的传说,其中一个传说流传甚广。

在很古老的时候,水族的先祖拱恒(水语音译,拱,意为公,恒是他的名字;也有地方公老、地方头人之意)带领族人们来到今三都九阡、水各,见这儿有山有水有坝子,十分高兴地选定此地为安居之所。拱恒带领大家日出而作,日落而息,辛勤劳作,开荒造田,终于将这一块地方开垦成美丽富饶的家园。他们种出的水稻长得像一棵棵小树,收割时,不是用镰刀割,而是用斧子砍;地里种出的南瓜,一根藤牵出九道岭,结出的南瓜多得像河里的鹅卵石一样数也数不清,人们过着丰衣足食的生活。每当水稻抽穗扬花和南瓜牵藤结瓜之时,姑娘和小伙子们上山采花椒,下田拾田螺,常常成群结队地聚集在一起,到山坡上对唱情歌。

卯坡上的"卯"字碑

在姑娘们当中,要数拱恒的女儿水仙花最勤劳、最俊俏,嗓音最亮,歌声最美,成了众多小伙子追求的对象。拱恒对女儿水仙花视如掌上明珠,老是担心水仙花哪一天爱上某个后生离他而去,便将她关在家中,不准她出去和小伙子们对歌。

谁知道天有不测风云,有一年恶神降灾,蝗虫铺天盖地而来,田地里原本长势很好的庄稼没几天便被蝗虫吃了很多。大家到田地里抓呀赶呀,但是蝗虫越来越多,虫灾越来越严重。人们都非常忧虑,非常恐慌。德高望重、见多识广的拱恒急得抓耳挠腮，坐立不安，也想不出什么办法。

水仙花看到父亲整天整夜吃不下饭，睡不着觉，心里十分忧虑。这一天晚上，她坐在院子里独自唱起了忧伤的苦歌。

水仙花忧伤的歌声飞到天上，天帝被深深地感动了，派一位名叫六鸭道人的神仙下到凡间，来帮助拱恒。只见天上闪起一道青光，六鸭道人乘风而降，他跟拱恒说："赶快叫大家打扫房屋，把灰尘撒到田里，不仅可以当肥料，催长庄稼，还可以杀死蝗虫，祛除瘟疫。"话音刚落，六鸭道人便化为一道亮光飞走了。

拱恒得到仙人的指点，马上叫来众位乡亲，让大家赶快按照六鸭道人的吩咐办事。这一招果然灵验，蝗虫沾到撒入田地中的灰土之后，很快就死得一干二净。没几天，庄稼返青了，长得更加茂盛，这一带也不再发生瘟疫了。人们庆胜利，欢聚而歌，代代沿袭便形成卯节。

卯节的日期是依据水族历法来推算的。具体的日期虽不固定，但有个选择的原则，即在水历九、十月（农历五、六月）的卯日分四批过节。辛卯日被称为"最顺遂的日子"，是过节的上吉日。水族人认为，过节逢辛卯日就预示风调雨顺、人寿年丰。与此相反，丁卯日被视为凶日，是过节的忌日。过节逢丁卯日会招致旱灾、虫灾与瘟疫。

而今，每逢卯节来临之时，凡过卯节的水族地区，家家户户都要把房里房外、屋前屋后打扫得干干净净，并把灰土撒到田地中，同时还要抓鱼杀猪宰牛，举办祭祀祖宗、祭祀稻田等一系列隆重肃穆的祭祀活动，以祈求风调雨顺、祖宗护佑、五谷丰登。

卯节戏猪

卯坡上对歌的青年男女

　　又因为卯节的由来与拱恒的女儿水仙花和她感人的歌声密切相关，所以卯节这一天，未婚的水族青年男女都来卯坡上欢聚对歌。姑娘们身穿节日盛装，佩戴银光闪闪的首饰，打着花伞，拿着花帕花扇，兴高采烈成群结队地登上卯坡。蓝天白云下，一群群青年男女，一柄柄绚丽的花伞，一张张艳丽的花帕花扇，在卯坡上汇聚、涌动。一对对水族青年男女你唱我和，以歌传情，以歌择偶，歌声悠扬，情意深长。倘若相互之间情投意合，便避开人群，两两成双地藏匿在树荫下、山崖旁，再通过情歌对唱互吐衷情，互定终身。这一天，卯坡上人山人海，热闹非凡，欢歌笑语，响遍山岗，真是个情歌的海洋、欢乐的海洋。

　　卯坡情歌对唱是水族卯节传统习俗活动中最为重要的组成部分，甚至可以说是卯节活动的主旋律，水族未婚青年男女理所当然地成为卯节活动的主角。

卯坡上青年男女互相交流

## 结社祈雨敬霞节

"霞"，水语译音，即水神之意。敬霞又叫拜霞。祭水神，以祈求风调雨顺、五谷丰登，在我国不少民族中均有此种习俗。水族地区，千百年来早已形成全民参与敬霞神的民俗活动，而且十分隆重。

传说，远古时，水族的一位老人在河中打鱼捞虾，捞了半天也没有一点收获。老人对天祈祷："水神啊，保佑保佑我吧！"老人再次撒下网去，提起网时沉甸甸的，最后一看却是一块状似人形的石头。老人非常生气，将石头扔入河中。再一次撒网，捞起来的还是这块状似人形的石头。老人心想："今天是怎么回事？莫非这是块有灵性的神石吗？"果然，石头开口说话了，让老人带领子孙沿河而上，开辟新家园。老人按照石头的指示，真的找到了土肥水美的地方——这就是如今的樟江上游两岸。从此以后，老人的子孙后代便在这里开荒垦田，修房造屋，一代代延续至今。而那块被水族人一代代保存下来的灵石，也一直护佑着水族地区风调雨顺，人寿年丰。所以水族人民一直将这块灵石尊奉为霞神，按时供飨，永远感谢霞神的恩泽。水族历史悠久的敬霞节便一直延续至今。

敬霞节主要流行于三都水族自

### 敬霞节的组织方式

敬霞节有着特定的组织方式，即以聚居于一地的亲族为单位共同举行，每个霞组织由若干个（一般为12个）不同支系的亲族或村寨组成，每一支系或村寨为一股，不论人口多少，均以股为单位平均承担敬霞活动所需物资，严禁私自多出供祭品的行为，并组织族人参加敬霞活动。

寨老"请出"霞石到霞坡

霞坡祭祀

治县的九阡镇及其毗邻地区，并非每年都过，而是根据水书进行测算，每隔 6 年或 12 年过一次，或子年或午年，在水历十月（农历六月）选择属水、木、土的日子过敬霞节。

敬霞节之前要做好准备工作，如用竹篾和彩纸编成两条彩龙，给霞神缝制衣服等，其中以训练公鸡最为重要也最难办。过节前几个月就得要选购大红公鸡，每天将公鸡的脚拴在竹上，再慢慢地用一根竹竿将其升高，使之逐渐习惯，并训练公鸡按照指令啼叫三声。倘若训练得不好，公鸡不能在敬霞活动中按时啼叫就意味着敬霞活动的失败。

霞坡祭品

敬霞节的仪式大致可分为两部分：一是敬真霞，二是敬假霞。

敬真霞的仪式极其神秘。真霞是一块状似人形的石头，一经认定为"霞石"（即水神），便世代供奉。平时将霞石秘密埋藏在一户老实本分的人家的屋基内，到了敬霞节这一天的寅时，水书先生组织各村寨老，悄悄来到埋霞石的人家，将霞石挖出来（只需挖出头部或大部即可），然后以酒肉祭霞，并以几斤米酒淋洒霞头，最后又重新将霞石埋藏起来，以免被外人盗走而造成不良后果。

敲铜鼓祭霞

敬假霞的活动公开而隆重。每股霞组织抬着凑钱购买的猪肉（一

霞坡盛况

般为 120 斤）、米酒（一般为 60 斤）及鱼、肉、豆腐、糯米饭等供品，在水书先生的带领下来到霞井集中。一路上鼓乐喧天，热闹非凡。同时两个人穿白衣扮成乞丐，抬着一只五六十斤的黑母猪，一边走一边用树枝戳母猪，令其尖叫不已。抬猪人一路走一路高喊："今天敬霞神，明年得丰收！"这时，霞井早已布置成了祭霞堂，霞井前放置着霞石——这是假霞（以此作为真霞的替身，真霞石早已妥善藏好），井前竖着一根高高的竹竿，那只训练好的大公鸡就站在竹竿顶端。祭坛正中是主祭席，两旁用松枝编成 12 个席位，摆放各股送交的祭品。

吉时一到，祭典开始。水书先生口中念念有词，不停地祈祷，祈求霞神赐福祛灾，风调雨顺，庄稼茂盛。边念边从霞井中取水在供品四周淋浇一圈，并用竹枝沾水四处淋洒，以示呼风唤雨，甘霖普降。此时，水书先生指令公鸡啼叫三声，并将母猪杀死，任猪血在井边流淌，高声喊道："下雨了！下雨了！"人们全都收伞，齐声欢呼，渴求雨水的沐浴。以上井水淋洒、口念祭词等，均有其神秘的内涵，但是归结起来，便是祈求霞神的保佑、赐福。据说，敬霞神十分灵验，通常在此番仪式之后，哪怕原先是晴空万里，此刻也会下起雨来。

拜霞的路上

在一阵阵的欢呼声中，前来祭霞的各股民众轮流用米酒浇灌霞神，并不停地高喊："霞神醉酒了！霞神打滚了！"一直灌到霞石倾倒在地上为止。

此后，男女青年你唱我和地开始对歌。其内容甚为丰富，如讲述敬霞节的来历，歌唱霞神的恩泽，共祈风调雨顺，预祝五谷丰登等。最后则是青年男女对唱情歌，将敬霞活动推到新的高潮。

汉族古老的宗教祭祀活动中流传下来一首歌谣《伊耆氏蜡辞》：

拜霞

　　　　土，反其宅！
　　　　水，归其壑！
　　　　昆虫，毋作！
　　　　草木，归其泽！

这是在腊祭仪式活动中所唱的歌谣。水族的敬霞节，其活动仪式及其内涵与之相比较，何其相似！

水族的敬霞节，不仅折射出水族悠久漫长的农耕历史文化，表现出水族先民希望认识自然、掌控自然的朴素愿望，亦可从中窥见水族神秘古老的原始宗教遗风。

## ● 苏宁喜节求子嗣 ●

### 牙花善（牙花散）

在水族民间，牙花善是女神之首，享有至高无上的地位，而享用供奉牙花善的祭品是妇女们的特权。碗中那肥大的鸡腿也必须让牙花善享用（即由得到牙花善"关照"的当年生了小孩的妇女代为享用）。供奉牙花善的同时也要虔诚供奉"牙劳""牙的"（水语译音，指已婚女性的祖宗，水族人认为，她们在世时德高望重，而今已经成仙了）。

苏宁喜节是水族妇女的节日，不但体现水族人民祈求添子添福、民族兴旺的美好期望，而且凸显出水族人民对女性的尊重。

妇女和孩子们兴高采烈地享用糯米饭、尖角粽、红鸡蛋、鸡肉、猪肉，屋内外充满了欢声笑语。当然，男人们除了不能享用供桌上的祭品之外，亦是大块吃肉，大口喝酒，并不眼红妇女享有的特权——谁叫自己是男人，没本事生小孩呢！

牙花善神位

苏宁喜节，是水族虔诚地供奉他们最尊敬的女神之首——牙花善的节日。

"苏宁喜"，水语译音，"宁喜"指水历的四月（相当于农历的腊月）；"苏"，即水历四月间的某个丑日（即农历腊月中小寒与大寒间的某个丑日，只要避开丁丑日即可）。为什么水族要在这一天供奉他们最尊敬的女神牙花善呢？

原来，在很久很久以前，水族人民为了避战乱，不断迁徙，最后定居在都柳江流域和樟江两岸。由于长途跋涉，风餐露宿，再加上缺医少药，很多孩子夭亡。水族人口本来就少，大家十分担忧，族长更是忧心忡忡——他虽然娶妻多年，却仍然膝下无子。

在一个月明星稀的晚上，族长的妻子在床上长吁短叹，老是想着要怎样才能怀上孩子。想着想着就睡着了，在睡梦中，她看见一个长发飘飘慈眉善目的老婆婆悄无声息地来到她身边，亲切地拉着她的手说："你勤劳能干，心地善良，待人宽厚，孝敬公婆，因为没有孩子，你愁得头上添了一根又一根白发。我看在眼里，痛在心上，让我告诉你一个方法吧——你娘家后花园里有一棵结果最多的果树，叫你的娘家人砍下这棵果树，拿到人们经常来往的小河上搭一座桥，再拿一些好吃的东西放在桥头，无家可归的小孩子的游魂就会被吸引而来，争着到你家来投胎转世，明年你就一定会怀胎生子。"

族长的妻子正要伸手去拉老婆婆，老婆婆却面带微笑，脚踏红云，一下子便飞得无影无踪了。她从睡梦中醒过来，马上想到这位慈祥的仙人不正是祖神婆婆牙花善吗?

族长听妻子说了这件事情，马上请来族中德高望重的水书先生，请他依据水书选择吉日来举行仪式和供奉祖神婆婆牙花善。水书先生不敢怠慢，反反复复地测算，最后选定水历四月丑日（农历腊月小寒与大寒之间的丑日）为最吉祥的日子。

这一天果然十分吉利，阳光明媚，天地之间水汽氤氲，喜鹊也在村子内外欢快地歌唱。于是，大家一起虔诚地向天地祈祷，又砍来结果最多的几棵果树在小溪上架好木桥，桥上还用红、黄、蓝色的彩纸缠成的竹棍做成护栏，以护佑过河前来投胎的小孩子的游魂。同时，在桥头朝着村子那端摆放木盘、碗筷，盛放煮熟的猪肉、五彩的糯米饭和红鸡蛋。此外，还要宰鸡杀鸭。

水书先生完成祷告仪式之后，族长妻子按照水书先生的指点，将所有的祭品散发给参加祭典的妇女和小孩分享。而后，族长的妻子手

过苏宁喜节

捧木盆，盆中盛满大米，米上放红鸡蛋，还插上彩纸缠着的竹棍，一边走一边拉着红、黄、蓝三色线，口里不断地念诵着："孩子们，跟我回家啦！孩子们，跟我回家啦！"来到家中后，最后她还要把丝线牵到自己的内室中供奉牙花善的供桌上紧紧地缠绕起来，以祈愿孩子被引来之后就不再走了。

第二年，族长的妻子便十月怀胎，一朝分娩，生下了一个十分健壮的小男孩，参加祭典的妇女也有不少生儿育女。人们高兴得杀猪宰鸡，虔诚地供奉祖神婆婆牙花善，并请四乡八寨的亲友来参加庆典。时至今日，水族地区凡有人家生儿育女，均要杀鸡宰猪隆重地供奉牙花善，各方亲友亦前来庆贺。

从此以后，水族地区便将水历四月丑日定为"苏宁喜节"，因为水族供奉的祖神婆婆牙花善类似于汉族民俗中供奉的送子娘娘，所以"苏宁喜节"又被称为水族的"娘娘节"。

祭祀牙花善神

# 不尽之美

## ● 马尾拿来作刺绣 ●

水族民间相传，很古的时候，太阳又毒又辣，把放在田边的一个水族孩子晒昏过去，这时飞来一只美丽的大蝴蝶，张开翅膀把阳光挡住，孩子在蝴蝶的保护下得救了。从此，水族妇女都要把蝴蝶绣在背扇上，保佑孩子健康成长。绣上"寿"字，是祈望孩子健康成长、长命百岁；绣上龙凤，是希望孩子将来成龙成凤，有出息；绣上鲤鱼、牡丹，是希望孩子吉祥如意，富贵腾达；绣上蜜蜂、石榴，是希望多子多福、勤劳发家。所有水族妇女绣制马尾绣背扇几乎都要在上面绣上龙、凤、鱼、蝴蝶和麒麟等能给人带来好运的吉祥图案，用这些吉祥的图案来寄托水族家庭对子女的期望。

心灵手巧的水族妇女，为自己的祖先能创造出这种独特的刺绣艺术感到自豪。勤劳聪慧的水族妇女凭着自己对生活的热爱和理解，在

## 马尾绣的工艺程序

马尾是制作马尾绣的重要材料，首先要取3～5根马尾，用手工将白色丝线紧密地缠裹马尾，得到琴弦状的白色预制绣花线；其次是用预制好的绣花线在绘好图案的底布上盘绣图形线条；接下来是填绣，也就是选取各种彩色丝线对镶制好的图案按照通常的螺形绣、结绣、平绣、挑花、乱针、跳针等技法进行填绣。通过这种独特的工艺手法精心制作出来的马尾绣立体感极强，酷似精美的彩色浮雕。

马尾绣列入国家级非物质文化遗产名录

马尾绣船鞋

日常的劳动和生活中发现美、追求美和创造美。她们心灵手巧，将现实生活中的美加以抽象概括、夸张变化，借助马尾绣这种独特的艺术形式表现出来。马尾绣在美化水族人民的生活中起着十分重要的作用，是水族妇女传统文化生活的重要组成部分。

爱美的水族妇女用马尾绣来美化自己的生活，她们用马尾绣装点水族女性和小孩的服饰，装点水族男子的刀鞘护套和荷包等。大多数水族妇女都会制作马尾绣，有女儿的母亲会利用闲暇尽心尽力地培训女儿的刺绣技艺。水族女孩一般6～7岁就开始向长辈学习马尾绣技艺，到了10多岁时，刺绣技艺已相当娴熟。部分刺绣高手还会制作一些实用的马尾绣手工艺品，拿到集市上去卖，以此增加家庭收入。一张做工精细的马尾绣背扇，在20世纪80年代可以卖到400多元钱。一般来说，水族家庭中女主人的马尾绣技艺精湛就表明她很贤惠。随着水族人民生活水平的不断提高，比较富裕的家庭的女儿出嫁时，除了新娘要穿马尾绣盛装外，还要准备一些马尾绣饰品作为陪嫁的嫁妆。水族在庆祝本民族传统节日时，水族女子都要穿着平时精心准备的马尾绣盛装，这时的她们成为节庆活动中一道亮丽的风景。谁穿戴的马尾绣最漂亮、最有特色，那么她的刺绣技艺就最为精湛，大家就会羡慕和敬佩她。此时也是水族妇女们学习交流刺绣经验，探讨刺绣技艺的绝好机会，纯朴的马尾绣高手一般都会毫无保留地向求教的人传授技艺。

童铃帽绣片

　　传统的马尾绣工艺仅留传于三都水族自治县、荔波县、独山县、都匀市等地的水族村寨，靠水族妇女的世代相传得以传承至今。随着社会的发展和旅游经济的兴起，制作马尾绣成为水族地区经济收入的一项来源，出现了师傅带徒弟的传承形式。马尾绣从单

马尾绣背扇

马尾绣衣服

马尾绣背扇

马尾绣绣片

马尾绣绣片

一用于美化妇女服饰和装饰一些小物件，发展为美化家居的工艺品，贵州省大大小小的旅游商品店里都有马尾绣工艺品出售。很多外国人对马尾绣极感兴趣，马尾绣艺人欧玉仙的马尾绣工艺品在俄罗斯展出期间销售的价格很高，是国内价格的 10 倍。

2008 年，奥运会在祖国首都北京开幕的第二天，凭借精湛的马尾绣技艺获得贵州省 2006 年"多彩贵州"旅游商品"两赛一会""贵州名匠"特等奖的三都马尾绣艺人韦桃花，应邀参加奥组委和文化部举办的"中国故事"大型文化展演活动，进驻北京奥林匹克公园公共区的贵州祥云小屋，现场表演马尾绣技艺。韦桃花的马尾绣手工艺品得到了外国游客的青睐，来到祥云小屋观看韦桃花演示马尾绣绝活的外国人夸她的马尾绣精美，不管是 5000 元一件的马尾绣背扇，还是 7000 元钱一件的马尾绣女式上衣都没有人讨价还价，看中后马上掏钱买走，韦桃花带去北京参加展演的马尾绣手工艺品在展演现场就全部卖完。她以 2008 年中国奥运会吉祥物福娃为创作素材的马尾绣装饰品，是以马尾绣的形式把一个个形态各异、活泼欢快的小福娃在红色缎面上展现出来，再用精致的艺术镜框

少女们在学习制作马尾绣

来装帧，表达了水族人民对我国成功举办奥运的祝福，创作出了集时代气息和艺术价值于一身的工艺珍品，这款马尾绣工艺品受到中外朋友的热捧。她经营的"桃花马尾绣"成了当地响当当的旅游产品品牌。

马尾绣绣片

## ● 别具特色的剪纸工艺 ●

　　水族剪纸与刺绣相辅相成，一幅精美的刺绣必须先是一幅精美的剪纸图案，这是刺绣的前提。因此，剪纸源于刺绣，为刺绣服务，而刺绣则促使剪纸向独立艺术的层面发展。传统的剪纸图案主要有背扇花、鞋花、袜底花、童帽花、围腰牌花、荷包花、枕头花等，此类以"鸟语花香"图案为主；现在已发展到为渲染喜庆气氛而剪的窗花，这类多以"蝴蝶双飞""年年有余"等吉庆图案为主。

　　都匀市奉合水族乡的韦帮粉就是凭着一把剪刀，根据水族民俗风情，捕捉瞬间灵感，剪出一幅幅时代感强、主题鲜明、寓意深刻的剪纸图案，被誉为"中国水族剪纸艺术第一人"，号称"水家金剪刀"。她所在的奉合水族乡也被贵州省文化厅命名为"剪纸艺术之乡"。水族妇女中，在剪纸艺术上取得像韦帮粉这样成就的人不在少数，如三都水族自治县三洞乡的潘娘妹、中和镇的石优，荔波县水利乡的吴小丽，独山县本寨水族乡的韦美，榕江仁里乡的杨兰希等，都堪称民间剪纸

韦帮粉和她的剪纸

艺术家，都在一定范围内有较大的影响。

　　水族地区乡间的集市上，剪纸摊不在少数，有的十多家一字排开，是集市上一道亮丽的风景。毫无疑问，这些摊主都是女性，不过你会发现，在比较年轻的摊主身边还有她可爱的女儿，这不足为奇。但是顾客中通常也是母女一道选购，这就是比较有意思的现象了。不难看出前者就是让孩子从小耳濡目染，日积月累地学习剪纸技艺；而后者则是要选用符合自己生活实际、符合自己思维方式和审美特点的图案。由此可见剪纸备受水族人民的重视，剪纸作品在这里不仅仅是一件商品，更是一件精美的让人赏心悦目的工艺美术品。

　　从事多年水族工艺美术研究与创作的杨先模教授总结出水族剪纸艺术的特点，那就是"以心造型，以理造型，以美造型"。他认为，水族妇女通过对大自然各种美好事物的感悟与体验，通过她们神奇的双手，把对美好生活的追求、憧憬、向往，都倾注于剪纸作品中。在创作过程中，她们既保留传统，又不断发展创新。比如剪背扇图案，不能缺少"蝴蝶妈妈"这个主题。在水族地区，蝴蝶妈妈的故事家喻户晓。

进行剪纸创作，还要充分发挥想象空间，匠心独运地构思出能够准确表达思想感情的图案。例如韦帮粉最喜欢剪的是龙凤，这是水族人民普遍喜爱的剪纸图案。龙象征风调雨顺，农业丰收；凤象征和平、自由和美丽。因此，水家姑娘都喜欢用龙作为刺绣的题材，如"二龙抢宝""双龙戏珠"；有的在衣袖花的中心部位设计一条可爱的盘龙，左右两旁是凤的纹样，构成一幅耐人寻味的"双凤望盘龙"图案。水族人民在日常生活中也喜欢用龙凤纹样的剪纸作装饰，

剪纸摊

剪纸示范

四角配以云雷纹。"龙凤呈祥"是水族比较古老的剪纸图案，虽受汉族文化的影响，但是长期以来，经过水族人民不断地创造、丰富和发展，已形成水族的特色和内涵。又如三都水族自治县塘州乡的杨黎，其创作的题材有水族的图腾物——鱼，还有其他传统文化素材。特别值得一提的是，她常常将生活中的所见所闻、新人新事新风尚表现在自己的作品中。

水族民间剪纸绚丽多姿，世代传承。水族民间的剪纸艺术家长期置身于大自然的怀抱中，秀美的山川景色、绮丽的田园风光、丰富多彩的生活积累给了他们创作的灵感。尤其是他们的创作多是业余爱好，没有强烈的功利因素，多是由心而发、自由想象，故而呈现出千姿百态的风貌。

剪纸艺术是水族人民为满足自身物质生活和精神生活的需要而创造的艺术，它根植于水族社会深厚的生活土壤之中，并在长期的艺术实践中得到升华与发展，成为水族民间艺术的一朵奇葩。

# ● 十户人家八把锤 ●

在水族村寨，有"十户人家八把锤"的说法，讲的就是水族雕刻艺术的盛行。水族的雕刻，主要有石雕、木雕和牛角雕三类。走进水族村寨，雕刻艺术随处可见。

### 石雕

水族石雕与丧葬文化有很大的关系，在为亡人立墓碑时，不少水族工匠只凭手中一锤一錾，便能把一块粗糙的石头雕琢成狮、虎、龙、凤、鱼等各种活灵活现的动物形象。水族地区墓碑式样有单面碑、三合碑、五镶碑、六合碑、八字门楼碑等，在五镶碑和八字门楼碑上多雕刻有"双龙抱柱""丹凤朝阳""耕种""二十四孝"等图案，祈求亡人在地府也同样有人服侍、过上好日子，同时也祈盼活在凡间者荣华富贵。

尊者厚葬，在水族地区很多名人墓前都竖立起高大雄伟的墓碑，从这些墓碑中，可以窥探水族石雕的艺术。例如独山县本寨水族乡天星村的韦占科墓就很有代表性。该墓碑位于天星大寨

墓碑上的二十四孝之"乳姑不怠"图

墓碑浮雕

墓碑浮雕

中，石料为青石，结构是六柱五楼庑殿顶牌楼式。通阔4米，进深1米，高6米，在高矮不同而又对称的各楼瓦脊角端，分别置有浮雕龙头、鱼尾6条。龙头双双相对，鱼尾昂天翘起。明间屋顶呈山字形，刻有太阳神状浮雕。各檐下挡板雕有龙凤图案。再往下，龙门枋上是一对盘龙戏珠浮雕，各额上方则是瓜果蔬菜浮雕图案。6根石柱上有或阴刻或阳刻的行、隶、楷体对联三副。在各根石柱不同部位有大小不等而又双双对称的石狮6对，其中一对稍大的石狮立于供台之上。供台形似香炉石桌，上坎边檐雕有一锅、六碗、四碟菜肴，猪、羊、鸡、鱼等俱全；下坎边檐雕刻着一桌丰盛的果品，有栗子、杨梅、柚子、梨等。龛台上"永昌百世"四个大字下是八仙浮雕，八仙骑龙驾凤，吹拉弹唱，

墓碑浮雕

各显神通。左右两边是龙、凤抱柱浮雕。次间、边间分别是墓志铭，记述墓主生平功德之碑文为4块。此外，在各柱两侧，间壁各部有花鸟鱼虫等各式浮雕图案137种。雕镂之精细，造型之生动，实为少有。三都水族自治县塘州乡中化村王贵州墓碑，三洞乡正腊坡罗叶墓碑等都是这种造型，可见石刻艺术在水族地区极为普遍。

此外石刻工艺品还有为镇邪而刻的石狮，为方便捣辣而凿成的擂钵，专用打糯米粑的粑槽，为美观而刻的檐柱石，盛墨用的墨砚，象征财富的石雕铜鼓等。

### 木雕

水族的干栏式房屋建筑中木雕艺术丰富多彩，主要表现在住房的花瓜、花檐、窗花、

神龛边框，以及屋内的长条供桌和八仙桌的装饰上。花瓜，也称短瓜，位于第二层穿枋的最末处，上承屋檐，主要采取阴刻的方式将短瓜刻成绣球状或灯笼状等。花檐是木匠凭借一把牛尾锯将木板锯成形如马尾绣花边的图案，然后将锯好的图案钉在檐边木板上，做房子的装饰。窗花主要是浅浮雕，在方形的小木瓜上雕出各种各样的图案或文字，镶嵌于窗格中。窗花的图案最为丰富，大多是表现当地人民生活的画面，如耕种、收割、纺纱、织布、狩猎、捕鱼等；还有飞禽走兽，如蝙蝠、鸟、凤凰、牛、马、猪、鸡、鹅、鱼，以及花卉瓜果等图案；也有当地群众喜闻乐见的吉祥图案，如"吉庆有余""五谷丰登""平安如意""龙凤呈祥"和"福""禄""寿""喜"等。

木雕烟盒

　　黔南民族文化展览馆收藏有一块水族独特的窗花，其图案之多、内容之丰富令人叹为观止。镂空浮雕的一条龙穿越其间，缀以代表书籍的缎扎书简、代表福禄的蝴蝶、代表钱财的铜钱、代表粮食的南瓜，还有各种小巧图案烘托，雕刻精美，形象逼真。在三都水族自治县水龙乡独寨村打物自然寨的莫桃住宅，堂屋里有一个神龛柜。神龛柜上有9幅深浮雕，9幅图案各不相同，有山水画、人物画、动物画、植物画等，全都形神毕肖、栩栩如生。除此之外，阳安、廷牌、塘州、安塘、水龙、地祥等地的长条桌、

木雕水书盘子

木雕窗花

椅子、八仙桌和四仙桌的雕刻都非常细腻。

### 牛角雕

牛角雕

在三都水族自治县三洞乡板告村的板鸟寨，有一座远近闻名的家庭博物馆，展馆内珍藏着马尾绣背扇、绣花鞋、水书、铜鼓等，数以万计。在博物馆的楼下，沿着墙壁安放着上万只牛角原材料，这是博物馆的主人韦家贵用20余年时间收集到的牛角，他就是用这些牛角雕刻出一件件艺术珍品。40岁出头的韦家贵在水族地区是很有名的民间雕刻家，被贵州省人事厅评为"高级工艺师"，他的作品荣获"多彩贵州"旅游商

韦家贵

品"两赛一会"最佳创作奖。

牛角雕最初是为制作一些实用品，如用来装烟丝的烟盒、木匠的墨线斗、号角、酒具等。如今随着水族文化越来越为外界所青睐，水族牛角雕已经成为一种携带方便的具有水族特色的手工艺品。韦家贵等民间艺人赋予牛角雕以水族文化内涵，在牛角上雕刻水书文字和各种喜庆吉祥的图案，因而成为游客十分喜爱的手工艺品。

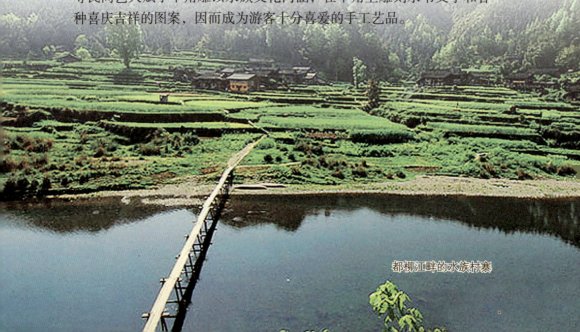
都柳江畔的水族村寨

LÜSE
# 绿色
YINSHI
# 饮食

## ● 酒香四方 ●

"好香！好甜！好酒！"这是毛泽东主席当年亲口品尝水族九阡酒时给出的评价和夸赞。

1957年4月26日，中共贵州省委、省人民政府组织贵州少数民族参观团赴京参加"五一"国际劳动节庆祝活动。三都水族自治县的女副县长蒙世花同志被推选为参观团副团长，她和58位参观团成员一道兴高采烈地来到伟大祖国的首都北京。

5月1日清晨，参观团全体成员登上观礼台，天安门广场上早已是人山人海。上午8时30分，毛主席等党和国家领导人健步走上天安门城楼。人群中顿时响起雷鸣般的掌声和欢呼声，"毛主席万岁！毛主席万岁！"毛主席等党和国家领导人则不停地向人民群众挥手致意。

2008 年，蒙世花在三都水族自治县
向北京奥运会献酒揭坛仪式上

更令蒙世花兴奋不已的是，当天晚上，时任国家民委副主任的萨空了同志告诉她说，在 5 月 2 日的国宴上，由蒙世花代表参观团全体成员向毛主席敬酒。当晚，蒙世花兴奋得彻夜难眠，一直在想国宴上怎样向毛主席敬酒才能表达出全国各族人民的共同心愿。最后她决定，以水族人民向最尊贵的客人唱水族民歌、敬水族美酒的传统方式，向伟大领袖毛主席敬上水族特制佳酿——九阡酒。

5 月 2 日的国宴上，酒过一巡之后，司仪宣布说：“下面由贵州代表团的蒙世花同志代表全体参观团成员，向伟大领袖毛主席敬酒！”蒙世花走到毛主席身边。毛主席和蔼地对蒙世花说：“敬酒，怎么个敬法呀？”蒙世花说：“主席，是您带给我们水家人九千九百个幸福，我从山里带来了九十九瓶我们水家人的‘妹妹红’九阡酒，献给您老人家，表达我们水家人的心意。”随后，她将九阡酒倒进毛主席的酒杯中，唱起水族的敬酒歌：“九月九盘（烤）酒最香，好酒深窖香味长，酒长味长恩情长，感谢中国共产党，人民幸福万年长！”顿时，整个宴会大厅响起一阵阵热烈的掌声。

毛主席把酒举到嘴边，先闻一闻便连声称赞：“好香！好甜！好酒！”然后一小口一小口地慢慢品尝，分三次喝完了这杯九阡酒，并幽默地说道：“你的这杯酒再有一千就到一万了呢！”毛主席从桌上拿起茅台酒瓶，亲手倒了一杯酒回敬蒙世花，并亲切地说道：“来！我也用你们家乡的酒敬你一杯。”并风趣地说道：“我的这杯还不值 100 呢！”蒙世花眼含热泪地喝下这杯酒，回答说：“主席这杯酒装着六亿还多呢！"（当时我国有六亿多人口）毛主席高兴地看了看蒙世花，而后举起大拇指说："讲得好！讲得好！讲得好！"

　　当年蒙世花同志为什么要特意带上九阡酒进京呢？因为九阡酒是水族自酿的美酒，原产地为三都水族自治县九阡镇。民间传说，很古很古的时候，这里原是一处荒凉之地，一对水族夫妻来到这里辛勤拓荒，他们起早贪黑地劳作，感动了专管人间吉凶祸福的神仙牙花散和牙花离，他们脚踏五彩祥云，手挥银锄，帮助这一对水族夫妻将这片不毛之地变成万亩良田。又有九位神仙变成周围的九座大山，护佑这个地方年年免遭灾害，五谷丰登。所以"九阡"原来叫做"九仙"，"九阡酒"又叫做"九仙酒"。

　　九阡酒属于低度酒，酒度低而不淡，色泽晶莹透亮，酒汁甘甜幽香，具有舒筋活血、滋阴补阳的保健功效，是水族人民招待亲朋好友的必备佳酿。水族地区有一种习俗，每当有女儿降生，家中当年定要酿制此酒，并装坛深埋地下，直到女儿出嫁时方才取出来款待亲友。窖藏20余年的九阡酒，酒液如同蜜汁般浓黏，其味更是醇香绵长，无比甘美。故而人们交相称誉说："九阡酒是妇女的美容酒，是男子的健身酒，是老人的长寿酒！"

　　九阡酒的酿造技艺已被列入省级非物质文化遗产名录，其酿造技艺讲究"天时地利人和"。所谓天时地利人和，即指九阡酒的酿造必须选择适当的季节和气温，所用的原料

贵州省政协原常务副主席吴嘉甫为水族
人民献给北京奥运会的九阡窖酒揭盖

必须是水族地区特产的野生草药和糯米，所用之水必须是九阡山中的泉水。

制曲（即做酒药）是九阡酒制作中最关键的一部分。做酒药的100多味草药全部采自山上，采药一般在端午后到谷熟前的这一段时间里，这时农活不太忙，草药的质量也是最好。采药前，寨中德高望重的老奶奶召集附近所有烤酒人家的妇女来开会，约定好相关事宜后，请水书先生选个好日子，大家一齐上山采药。酒药分粉剂和汤剂两种。粉剂的药要量很大，一般是大家先集中采够晾晒好后，才请水书先生选定采汤剂草药的日子。通常5～8人一组，每组各采哪几样药都是事先分配好的，采好后集中，再平均分给每个组，以组为单位制作酒曲，一般要花一整天的时间。大都选在组员中较有制曲经验的老人家里，先将草药熬成药汤，再将米面、苞谷团、小米、米糠、红稗等搅匀撒上药粉，然后注入药汤调到适度，压实。由领头的老奶奶一手执芭茅草，一手执砍刀，边砍边念："今天我们做药，随便哪个咒什么，都不会影响，我们的药是最好的酒药啊！"然后将其捏成团摆在铺了稻草的簸箕上，铺满后再覆以一层稻草，接着盖上布，放在角落里让其发酵后，取出晾晒直到干透。酒药做好后请水书先生选定这批酒药第一次酿酒的日子，出酒了，请寨上德高望重的老奶奶喝第一杯，她一口饮尽后大喊："我们的药成酒啦，成好酒啦！"然后作醉酒状向后倒去，众人皆呼："药成酒了！药成好酒了。"遂将药分发到各家，用袋装好置于梁上通风处。

烤制九阡酒一般选在每年的三四月间，这个时候的气候适宜于酒曲发酵。上好的九阡酒，皆选

九阡窖酒

用当地产的圆头糯米，经筛选浸泡一天，放入甑中蒸熟晾凉后，取酒曲拌匀放入缸中发酵3～4天，出酒酿后，先取出3~4斤酒酿备用，即可甑子烤酒。这时烤出的酒是清亮无色的，需取原先备用的酒酿放入锅中，用小火熬到冒泡，再放入酒内，才算完成九阡酒所有的制作工艺程序。

2010年的上海世博会上，九阡酒以其甘甜的口感、醇厚的品质、绵长的回味、独特的功效，成为大会指定用酒中的唯一黄酒，广受中外来宾的赞誉，日本、新加坡、马来西亚等不少国家的客商纷纷争签订单，竟然出现供不应求的既令人欣喜又令人尴尬的现象。九阡酒真的是越洋过海，香飘万里了！

2010年，上海世博会上
九阡酒为唯一指定黄酒

端节长桌宴上共饮九阡酒

## ● 鱼包韭菜 ●

在水族传统饮食中，最具水族文化饮食特色的绝味佳肴当属鱼包韭菜。

水族村寨大多依山傍水，在一个个星罗棋布的村寨四周，是一个个大大小小的鱼塘。清风徐来，碧波荡漾，一群群鱼儿在鱼塘中自由自在地游弋，不时可见一条条鱼儿跃出水面，在灿烂的阳光下闪耀出一道道银光。鱼塘四周，往往搭有瓜棚瓜架，瓜架下挂着一个个圆圆的葫芦瓜。清新自然的水家山寨风光，令人赏心悦目。

制作鱼包韭菜

鱼包韭菜

在水族民间流传着这样一个传说，很古很古的时候，有一对勤劳善良的水家青年男女，因见到一位白发苍苍的老婆婆自个儿到水边挑水，自个儿上山去砍柴，上前一问，得知老婆婆是一人独自居住，便常常为她挑水，帮她砍柴。有一天，老婆婆送给他们一颗葫芦瓜籽和一对鱼苗，认真地嘱咐他们："你们赶快把瓜籽种下，赶快挖鱼塘养鱼。这里将会有大灾难，那时你们就躲进葫芦瓜中，鱼儿也会帮助你们躲过灾难。"话音刚落，白发老婆婆竟然化为一道清光消失得无影无踪。这一对青年男女马上明白过来是仙人牙花散下凡来指点他们。于是他们马上按照牙花散的嘱咐去做。后来，他们种下的葫芦籽发芽、长叶、开花，结出一个硕大的葫芦瓜。鱼塘里的那一对鱼苗长成两条大鱼，还繁衍了数也数不清的鱼子鱼孙。有一年秋天，凶恶的雷神连降三天三夜暴雨，田野和村寨变成一片汪洋大海。因为有了牙花散事先的交代，他们赶快凿开大葫芦瓜躲了进去。葫芦瓜在水面上漂呀漂呀，水面下那两条大鱼带着鱼群游呀游呀，有的在前面开路，有的在后面保护，更多的是在水下用头顶着葫芦瓜前行。洪水终于消退了，这一对青年男女脱离了险境。后来，两人结为夫妻，这才繁衍了一代代水族子孙。从此之后，葫芦瓜和鱼便成了水族民众心目中为他们带来福祉的吉祥物。

　　正因为如此，鱼是水族端节祭祀祖宗的必备供品，也是款待远道而来的亲朋好友的必备佳肴。久而久之，水族人民做出了一道以鱼为主要原料的绝味佳肴——鱼包韭菜，其味清香鲜美，老少咸宜。其制作方法代代相传，一直沿袭至今。

　　每逢节日来临，水族男女便开始到稻田里捕鱼，男女老少个个喜笑颜开，有的跳入稻田中抓鱼，有的在田边观看。人欢鱼跃，笑声欢呼声随风荡漾，水家村寨充满了欢乐的气氛。

## 鱼包韭菜制作方法

　　鱼包韭菜的制作十分考究。其主料为鲜活的一斤左右的鲤鱼或草鱼数条；一两斤鲜大叶韭菜和广菜。辅料为：大蒜、生姜、鲜红辣椒、花椒、酸辣椒、精盐、糯米酒。此外，需选择糯稻草若干根备用。

鱼包韭菜制作方法可分为事前准备和烹煮两大工序。事前的准备工作可分为：

（1）将活鱼洗净，从鱼脊上破开去除内脏。

（2）将大蒜、生姜、鲜红辣椒切细剁成泥状备用；将韭菜、广菜剔除黄叶老皮，洗净备用。

（3）将适量的精盐、花椒粉放入糯米酒中拌匀，均匀地抹遍鱼的各个部位，腌制一小时左右。

（4）将捣成泥状的大蒜、生姜、鲜红辣椒加入适量的精盐、花椒粉、酸辣椒进行搅拌，均匀地抹在鱼腹内，再放入适量的大叶韭菜和广菜。

（5）用糯稻草将鱼绑扎起来，从鱼鳃至鱼尾，按顺序绑扎5道，使各种辅料与鱼成为一体。

烹煮工序：将半斤左右糯米酒倒入一个小土坛中，放入盛有清水的大铁锅内，土坛上安置一个竹编的隔网，将绑扎好的鱼依次排放在隔网上，然后盖好锅盖，点火蒸煮。先用大火蒸，后用小火蒸（锅中的水始终沸腾），短则蒸3~5个小时，长则10个小时以上，以使鱼肉蒸透、作料入味、菜鱼一体、鱼骨酥软。采用这种最为传统的方法烹蒸出来的鱼包韭菜，取出装盘时，鱼外观完整，鱼骨酥软，香气四溢，可谓色、香、味俱全，令人馋涎欲滴。

## ● 糯米的盛宴 ●

"白白的十二碗糯米饭像十二块闪闪发亮的元宝。"这是水族古歌里的一个比喻句,想象独特,比喻生动,形象地反映出水族人民对糯食的偏爱和对美好生活的憧憬。

糯食文化的影响,在水族社会生活中可谓无处不在。不管是糯稻穗还是糯谷,也不管是糯米饭还是用糯米酿造的米酒,在水族的祭祖祭神、婚丧嫁娶等民俗活动中缺一不可。难怪,水族民众将大米人格化,说大米有魂灵呢。水族传统社会中每个家庭在五谷归仓之后,都要举行一种叫做"接米魂"的仪式。水族人认为在秋收时,无意中会把一些谷穗撒落在田中,因此必须把撒落在外的米魂接回家中。此外,在举行一些重大民俗活动之后,也要举行"接米魂"仪式,他们认为参加的人很多,不可避免地会出现浪费粮食的现象。故而通过这种"接米魂"的仪式教育子孙后代要敬畏天地、珍惜粮食。

水族糯食主要有三大种类,喜庆必备的糯米粑,品种繁多的糯米饭和"一公一母"的糯米酒。

### 糯米粑

糯米粑是接亲嫁女和节日互相馈赠的主要礼品。水族地区迎娶新娘时,男方要向女方送去三五架糯

嫁女时娘家给女儿送去的糯谷稻种

迎亲用的糯米粑

打糯米粑图(墙画)

米粑，每架 12 块，代表 12 个月，每个糯米粑有小锅口那么大，重约 4 斤。糯米粑制成后，心灵手巧的妇女们还要在糯米粑上面画上"比翼双飞""鸾凤和鸣""花好月圆"等喜庆图案。迎亲时糯米粑、喜酒、喜糖等送到女方家后，女方家则按来宾亲疏分发馈赠。

一些地区的水族受到汉文化的影响也过春节。在过春节的时候，家家户户都要打制六七十斤的糯米粑。打糯米粑之前，将一张晒谷用的竹席刷洗干净，再在上面铺上一匹白布，当年轻的小伙子们把糯米粑打好，女人们就将热气腾腾的糯米粑均匀地分成一小个一小个的，每个两三斤重，之后再放置在白布上压成圆形块状，然后画上"年年有余"等图案。糯米粑上的图案，色彩绚丽，给人以艺术美感。糯米粑是祭祀祖先的供品之一，也是女人们到娘家拜年的主要礼品，这也包含有带糯米粑去祭祀娘家祖先的意思。

此外，秋收之后的重阳节也有打糯米粑的习俗，其糯米粑的种类更多。其中最常见的有"杂禄粑"，是用杂粮掺和糯米蒸熟打制而成的糍粑，如将苞谷、高粱、小米等分别与糯米一起蒸熟打制而成，这些粑粑各具香味，一般是自家食用。比较有意思的是"调味粑"，将打好后的热糍粑包上事先准备好的，用油炒过放了盐加了香料的豆沙为馅，当场分发给在场的人趁热食用，糯米粑的清香与加了佐料的豆沙馅的浓香融为一体，味美可口，食而不厌。

糯米粑在常温下可保存数十天甚至一月之久，食用时用火烤软或油炸即可。醮上用红糖和芝麻舂制而成的调料，浓浓的糯米味、扑鼻的芝麻香，令人馋涎欲滴。

### 糯米饭

清朝乾隆年间刘岱修，艾茂、谢廷薰编纂的《独山州志》，对水族的糯食有这样的记载："食惟糯米，糯不尽用匙箸，半以手捏团食之。"水族民间鲜活的糯食习俗跃然纸上。

水族的糯米饭用甑子蒸熟，视不同用途染成不同花色，染色的各种颜料均取自当地的绿色植物，堪称正宗的绿色食品。红色是用虎杖（俗称"酸汤秆"）的嫩尖捣碎，过滤取汁浸染糯米饭，其色泽呈桃红色；黄色是用醉鱼草（又叫"清明黄花"）的花浸泡出汁液来染糯米饭，其色泽呈鲜黄色；黑色则是用枫香树和黑糯米树的嫩叶捣碎，过滤取汁浸染，其色泽呈青黑色；绿色，也是用一种植物的嫩叶捣碎，过滤取汁浸染。这些绿色植物都有一定的药用功效，虎杖能祛除风寒、利湿、祛淤、通经；枫香叶可治胃肠炎、痢疾；而黑糯米树叶起到滋阴补肾、健身暖胃、明目活血的作用；醉鱼草能祛除风寒、杀虫、活血。一般说来，红、黄等暖色的糯米饭多用于喜庆的民俗活动；黑色糯米饭是为"四月八"特制的；自然色的白糯饭则用于丧葬祭祀。

水族地区的气候和水土非常适宜糯稻的生长，生产出来的糯米颗粒饱满，晶莹剔透，煮熟之后添加上各种颜色的糯米饭，光泽更加明亮，十分诱人，是一种色、香、味俱全的原生态绿色食品。

### 糯米酒

在水族酒类中，人们熟知的是"九阡酒"，其实水族民间大量酿制的还有一种糯米甜酒。

糯米甜酒的酿造方法比较简单，首先将糯米用温水浸泡两三个小时，滗去水分后倒入甑子蒸煮，再倒在干净的簸箕中散开，待晾凉后，撒上适量的甜酒曲拌匀，然后装入坛中，再经过打窝、提温、保温等程序，便可出酒了。出酒后即可饮用，酒香四溢，入口甘甜。

糯米甜酒是水族妇女最为喜欢饮用的米酒。通常岁时节庆、

分发花糯米饭

祭桥仪式上的糯米饭

### 糯米甜酒

糯米甜酒，水族人称"hau ni"，为"母亲酒"的意思，"母亲酒"与男人饮用的蒸馏而成的九阡酒相对应，形成水族独特的将"一公一母"两种性别意识融入其中的酒文化。水族妇女注重妇德，讲求娴雅端庄，通常不喝烈酒。因而特意酿制这种女性专用的糯米甜酒。

操办喜事时都要为女性准备这种糯米甜酒。女子回娘家探亲、母亲看望刚刚孕产的女儿以及亲戚间看望生病的女性等，都要提上一罐自制的糯米甜酒作为礼品。

药学专家研究表明，水族的糯米甜酒含有丰富的多种维生素和葡萄糖、氨基酸等营养成分，有开胃提神、活气养血、滋阴补肾的功能。这种老幼咸宜的营养食品，水族女性怎么会不喜欢呢？

水族是一个喜欢吃糯食食品和善于制作糯食食品的民族。深入水族村寨，和热情好客的水家人一起品尝色、香、味俱全的糯食食品，那真是一件非常快意而又有趣的事情。

唱水歌，敬米酒

YOUYOU
# 悠悠
XISU
# 习俗

## ● 亲哥背妹到夫家 ●

　　在中国 56 个民族中，水族婚俗有着自己鲜明的民族特色。水族婚俗主要有说媒、定亲、出嫁、迎亲等内容。水书《婚嫁卷》在水族婚俗活动中显得非常重要，因为它是水书先生帮助水家人选择婚嫁吉日的依据。

　　卯坡对歌是水族未婚男女择偶的一个重要方式。平时比较含蓄的水族未婚男女，在卯节那天可以在卯坡上对歌，以歌传情，并以此选择配偶。卯节这天，未婚青年从四面八方赶来，聚集在卯坡上。男青年主动去找自己中意的女青年对歌，双方都中意后单独约会。在水族婚俗中，不单是由父母包办的婚姻需要委托媒人去女方家说亲，就是自由恋爱的男女青年有确定婚姻关系的意愿时，男方也要委托媒人去女方家说亲。水族民间把给未婚男女青年牵线搭桥、促成婚姻的媒人看做是做好事的人。媒人第一次领着携带礼物的男青年到女方家去提亲，女方家一般不会马上答应男青年的请求，会把男青年带去的礼物退回来。男方家不会就此罢休，还要和媒人另择吉日带着比第一次更贵重一些的礼物再次上女方家说亲，女方家如果没有什么意见，就将礼物收下，表示已经应允了这桩婚事。接下来就由男方家请水书先生推算生辰八字，水族人深信，属相相克的男女组成家庭后，婚姻不会幸福。水书先生对照男女的生辰八字，确定双方属相不相克后，水书先生就为他们推算好定亲和结婚的日期。

定亲（吃小酒）是水族男女青年结婚必须履行的一个重要步骤。男方家根据水书先生测算出的吉日，带领众亲友抬着礼物到女方家去定亲，送去女方家定亲的礼物中必须有小猪。定亲这天，双方亲属在酒席上互建亲情，男女双方正式确立婚姻关系。确立了婚姻关系后，女子在尚未举行婚礼之前不允许去男方家，反之男青年可以常到女方家帮做一些农活，男女青年遇事可以相互商量，这是男女青年进一步接触以增进感情的阶段。这段期间女青年要赶做嫁妆，双方家长都积极地为子女的婚礼作准备。

水族婚嫁忌打雷，故婚期多安排在秋冬季节。一般是第一天在女方家举行出嫁仪式，第二天到男方家举行迎亲仪式。

新娘自制的布鞋

结婚祭祖的祭品

水书先生择的良辰未到，新娘先坐在用晒席围成的棚子里等候

出嫁，水语称为"贾辣"。出嫁这天，女方家的亲朋好友都要前来祝贺和帮忙。女方家把一切都准备好，就连招待男方接亲队伍的美酒都斟满摆好，等着为男方接亲队伍接风洗尘。接亲的队伍一到女方家，女方家就给接亲的人敬酒，接亲的所有人都必须喝完一碗酒，才能把接亲的礼物抬进女方家。接亲的礼物一般有猪肉、米酒、糯米粑等。女方陪嫁物除了一些穿的和用的物品外，糯谷种子是必不可少的，九阡、三洞等地还把鱼篓等捕鱼工具和几只鲜活的鱼虾作为陪嫁物，以祝愿夫妻生活如鱼得水、年年有余。

水族嫁女要请寨上一位德高望重的寨老来主持祭祖仪式，接亲的人和女方的众亲友也一起参加仪式。出嫁时辰一到，身着盛装的新娘便在众姐妹的陪同下，走到神龛前点上一炷香，还要把事先准备好的红筷子撒到神龛脚下，撒筷子意味着姑娘已经出嫁了，家务事就只能劳烦家人了。此后，新娘不能回头，水族民间认为回头不吉利。水族姑娘出嫁，必须由亲兄弟或堂兄弟陪同前往夫家。新娘出娘家大门，要由弟弟打红伞，哥哥背出家门，然后与伴娘一道步行。若在途中遇到岔路口或过河过桥时，兄弟又需背新娘走过。进入男方家门时，仍由兄弟两人，一个打伞，一个背着新娘进入男方的家门。有的水族姑娘出嫁脚不着地，全部由亲兄弟或堂兄弟轮换着背到夫家。

迎亲，水语称为"傲虾"，是在男方家进行的一项活动。男方家事先请水书先生选择好新娘登门的时辰，新娘必须按既定时辰踏进男方家的大门，不能错过良辰。时辰一到，男方家屋内的所有人都要退出，大门外留下两位中年妇女，她们手里各拿一把茅草和一个盛有清水的木瓜瓢，新娘进门时，她们要在新娘的后背喷洒清水，一边洒一边用茅草在新娘的身后挥扫，一层意思是为新娘洗尘，另一层意思是驱除恶鬼，去掉组建幸福家庭的障碍。待新娘进家后，其他客人和嫁妆才能随着进屋。

男方家把新娘迎进家门后，主人家摆筵席请客人入座。此时还要先请本村寨的寨老在神龛前主持祭祖仪式，女方家陪同来的男性客人作为贵宾，每人在神龛前先饮3杯酒，品尝所有的供品后才入席参加婚宴。婚宴结束，男方家又在厅堂设席邀请自己家的亲朋好友与女方家送亲的人对歌，双方相互赞扬，亲友们不断喝彩，予以助兴。按水族规矩，迎亲那天新郎本人不去女方家迎接新娘，新娘到达夫家的当晚，新郎新娘不同房，由伴娘陪伴新娘歇息。当晚男方这边的男青年们要去找女方伴娘对歌，男青年只能围在洞房外面唱，女方伴娘就在洞房里面唱，所唱的歌都是传统古歌，不能胡乱编唱。男女双方亲友对歌的热烈场面增添了婚礼的喜庆气氛。第二天新娘回门，有的新娘是当天回夫家，有的要在娘家多住几天，也有在娘家住一两个月才回夫家的。待新娘回门归来后，新郎新娘才开始过夫妻生活。值得一提的是，回门归来的新娘还必须挑水认亲。新娘由新郎的妹妹陪同，给家族叔伯每家送一挑水，用送水的方式来认亲。这些独特的习俗至今仍然保持不变。

　　水族婚俗奉行"同宗不娶、异姓开亲"的原则。有相同血缘关系的水族男女，即使相距千里之外，相隔数十代之久也仍然不能通婚。违者要受到人们的鄙视和舆论的谴责，甚至要受惩罚。水族也有男方入赘女方家的习俗。寡妇可以再嫁，但不能嫁到夫家宗族居住的村寨内，而且要由新夫家付给前夫家一笔彩礼。寡妇出嫁时，可以带走自己的财物。如果情况特殊，寡妇也可以招男人上门。婚后夫妻感情不和可以离婚，女方主动提出离婚要偿还男方在结婚时所花费的钱财。

　　水族婚俗活动是水族古代文化的遗存。社会在不断发展和进步，现代文明的冲击和其他民族文化的影响，促使水族婚俗不断地发展变化。然而，水族民间的婚俗活动依然有着浓郁的民族特点。

迎亲

# ● 肃穆的葬仪 ●

　　水族先民认为生命的诞生和死亡是冥冥之中的神灵在安排。人死后的灵魂既能赐福,也会兴祸。因此安抚好亡灵,成为水族丧葬文化的主要内容。

　　水族丧葬过程可分为报丧、入殓、开控、安葬等环节。

　　老人咽气后,或立即派人分头去向三家六房、亲戚朋友报丧,或敲击铜鼓或放铁炮报丧。水族认为铜鼓是宝物,是灵性很大的神器,其声音能上通天宇,传递信息,敲击铜鼓可让天上的祖先知道家中死了亲人,请祖先的灵魂前来接引新故的老人的灵魂。

　　获悉噩耗,同宗族人立即忌荤,而水产动物如鱼虾之类则不在禁忌之列;孝家则马上派人到外姓人家换米来煮,以示哀悼。与此同时,孝子给死者梳洗净身,若是男性死者则剃光头,若是女性死者头发梳成两条辫子,更换寿衣,衣裤件数只能是单数。穿戴完毕,将死者顺梁停放在神龛下,等吉时入殓。

　　入殓前,在场人忌互相喊姓名,一般是用其他用语来暗示或打手势。女性死者,则须待外家到达之后才能入殓。尸体装入棺中之后,首先是孝子孝女按亲疏秩序在死者的衣兜放入"买水银"和"置田银",接着依次给死者放土布盖单,每床盖单须撕下一条三指宽的布条作为孝子的腰带,已婚孝子则撕下两条,夫妇各一条;孝女只撕一条,因为水族没有女婿为岳父母戴孝的习俗。撕下来的腰带,戴孝之人要一直拴到

开大控所设的布房

除灵罢服时止。入殓完毕，即刻封棺，不能再打开。灵柩顺梁停放于神龛下，孝子、孝女、孝媳即行披麻戴孝礼，然后依水书先生指点决定停柩待葬或即行安葬。

水族葬礼中，安葬前要举行盛大的开控仪式，砍牛祭奠亡人。水族十分注重葬礼的排场，场面大小有时直接认为是对亡故

葬礼上的舞龙

老人孝顺的程度。开控以杀牛数量来定规模，按规模大小可分为小控、中控、大控和特控。小控的规模最小，时间一般在两日之内，只杀猪来祭奠亡人和招待客人。中控，时间一般在 3 天左右，要宰杀一匹马或一头牛来祭奠亡人和招待客人。大控，一般要宰杀 3~5 匹马或 3~5 头牛，时间要 3~5 天。特控，规模更大，人数也更多，时间在 5 天以上，要宰杀很多的马或牛来祭奠亡人和招待客人。中控以上的，都要搭建布房作"控堂"。

开控前，水书先生先在主人家的谷仓"点降"祭"陆铎公"，即将大簸箕置于 3 把糯谷稻穗上，在簸箕里面铺上 6 尺白布，放置一升大米，插上 6 炷清香，摆上煮熟的 6 尾鱼、6 双筷子、6 个碗、6 个酒杯及豆腐、糯米饭等供品，簸箕周围安放 6 个草凳，由 5 位老人陪同水书先生举行仪式，水书先生迎请陆铎公来坐镇掌坛，并诵读祝语，仪式完毕，关门而出。待葬礼结束后的第二天，水书先生又用杀来祭奠亡人的牲畜部分内脏再行祭祀，送走陆铎公。

开控由专门司仪主持，一般 10~12 人，孝子、孝女、孝媳在他们的指挥下完成每一道程序。

若死者为女性，开控那天晌午时分，在堂屋用门板架起长桌，摆上酒、鱼、豆腐等敬母亲的外家，请族中德高望重的老人作陪，讲"诘俄牙"（"诘俄牙"是水族古歌的一种，在重大的活动中，主宾双方专门聘请德高望重且能言善辩的寨老来进行辩论式的对说对唱，这是

一种水族民间的口头文学形式，按种类可分为婚嫁诘、丧葬诘、断事诘等三种）。席上孝子跪拜外家，孝女孝媳则站立旁边以哀唱挽歌的形式向外家请罪。歌词大意是说母亲在世到得病至升仙，儿女们都照顾不周，请求外家饶恕。一边向外家劝酒，并表态继承母亲的遗志，和外家的往来常走长亲，永不疏远。最后孝子呈上装有瓷碗、白布、糯米饭、剪刀的筛子，舅舅将瓷碗掰碎分给孝子孝女，用剪刀剪下白布，包上一小团糯米饭分给孝子孝女，表示富贵两边发。

开控的程序是：首先，用长凳垫高灵柩，顺着房梁摆放，将两面雌雄铜鼓置于棺下，名为"亡人坐铜鼓"，木鼓则放在堂屋外的走廊上。司仪在堂屋的一角设"开控"祭坛，横放一块长木板，放12碗酒、12团糯米饭、12条烤好的小鱼；侧端放一个用杉木皮制成的三脚架，旁边安置一只竹筐，装12把糯米稻穗和筲箕、阴阳板等物件，屋角立一件古兵器——梭镖和两把杀牛大刀。另一边堆放亡人生前的用具。准备停当，在族内长者的指挥下，木鼓手、铜鼓手、发号兼掌酒人、拍阴阳板者、铁炮手、鞭炮手、芦笙队、大号喇叭手、孝子等均要在孝堂排队静候。当6人手持刀斧绕灵柩三圈驱赶恶鬼结束，鸣铁炮三响，点鞭炮一长串，木鼓在走廊上"咚、咚、咚"地敲响，稍停又重复，如此十二则，同时芦笙、大号齐奏，孝女哀歌顿起，人们肃穆无语，呈现一片哀伤气氛。待十二则木鼓结束，将木鼓放入屋内，从灵柩下移出铜鼓，捆于堂屋的铜鼓枋上，长子将挂有糯米稻穗的扁担在灵柩上顺时针拂三下，然后放到仓楼，随后率众弟兄下跪于柩前，竹筒号声、铁炮声、鞭炮声、铜鼓木鼓声、芦笙声、大号声、司仪歌、孝歌等同时响起。竹筒号手给坛上的13个酒碗斟酒13次，缅怀祖先迁徙创业之艰辛，斟酒完毕孝子平身。稍作停顿，先静听铜鼓曲一阕，转进入立字杆环节。

字杆是一棵上好的竹子，在其上部系着一人形白幡，倚靠屋檐立于大门前，让小人儿白幡在房子上空飘扬。接着在堂中摆一张长桌，中间摆豆腐、糯米饭，旁边摆酒碗，宗支族人每户各带一瓶酒、一碗糯米饭摆放供桌上。孝子首先斟酒，随后是宗支各户按亲疏依次斟酒，一边斟酒一边呼唤祖宗姓名前来享用。礼毕，族长率众人入席就餐。天亮前择吉时，孝女唱孝歌，孝子进厩跪下捆牲口，捆好后牵到控场，围绕栽好的木桩转三圈，让选好的"五富生人"持大索，系好牛颈，绑在桩上。天亮后，把铜鼓移挂控场，在铜鼓架旁边摆一张方桌，摆上一块豆腐和 12 个酒碗。此时长子手执小白旗在前，次子在后，抬着筐，又有两名孝子扛着一小坛酒尾随，在屋内静候。三声炮响，放鞭炮者在前领着大家进控场，绕牲三圈后把所带的小白旗插在小竹箩里的糯米饭上面，置于桌上，把酒坛置于桌侧，急速跟燃鞭炮者返回屋内。铜鼓手等将带去的酒坛斟酒于预先摆好的 12 个空碗内，请铜鼓神、祖先前来享用。最后孝男按长幼在屋内依次列队，手执孝棍站于白布（约 6 丈长）下；孝女一手捏一小把米，一手打伞，从屋里缓步至砍利场绕牲三圈。每转一圈，孝子横握孝棍拜三次，第一次表示拜天，第二次表示拜地，第三次表示拜祖宗。孝女则掷几根稻穗喂牲口。礼毕依次返回屋内，孝子跪拜亡人，起立时双脚重顿楼板。

每个环节大家都诵读司仪歌和水族迁徙史诗，同时在间歇时诵读家谱，孝女和孝媳则哭唱挽歌，场面极其庄重肃穆。

水族丧葬庄重肃穆，民族特色、地域特色都非常鲜明。

送葬

送葬

## ● 水家房梁堪脊梁 ●

房梁结构

经常听说，水族有"卖房不卖梁"的习俗。房子的主体部分都卖掉了，只留下一根房梁，即是"卖房不卖梁"。

相传很久以前，有一户大富人家，父辈很发达，可是儿子不争气，只知道吃喝玩乐。老人眼看家业保不住了，在弥留之际一再嘱咐，以后卖房坚决不能卖掉大梁。果如老人所料，他死后，儿子坐吃山空，很快就变卖房屋，但还是按老父亲留下的遗训不卖房梁。由富豪之家落魄到连祖宅都要卖掉了，最后只能大地为床蓝天为被，连自己安身立命的一席之地都没有，这给儿子的身心带来很大的震动。于是他决定利用留下的这根硕大的房梁，搭建一个小棚子住下，在将房梁锯为几截时，他惊奇地发现，房梁早就被凿开一道很长的木槽，里面

干栏式建筑结构

塞满了银子。他顿时眼泪哗哗地流下，收好银子，他飞快地跑到父母的坟前磕了9个大响头，从此后勤劳生活。

大梁的选择非同一般，其材质品相都非常讲究。大梁要用枝繁叶茂高大挺直且树梢长势良好的杉树，砍伐的时候要特别小心，要让树尖朝上，不能往下倒，还要设法保护好树梢不受损坏。大梁从砍倒抬到家中剥下树皮，直至升到屋顶为梁时止，任何人都不能从上面跨过。从大梁的材质及其禁忌看，它在水族的心目中神圣不可侵犯，俨然一个家庭的精神支柱！

钉红布

上梁时用两根索子捆住大梁的两头，大梁的中央用一米见方的红布对角包裹。在距离中间点两头各一米处，钉上三角形的红布两块，如三角旗一般，还在红布的两侧各挂糯米稻穗一把和青布一匹。爆竹响起时，大家肩扛手举，一齐用力，然后把大梁送上屋顶，安安稳稳地架在最高的中柱上。此时两匹长长的青布随风飘扬，稻穗不停地抖动。

大梁的秘密在中间的"太阳"那里。那里面包扎有很多好东西，有代表财富的银子或银元，有代表文化的毛笔和墨锭，最不能缺少的就是我们水家的宝贝——水书抄本。

上梁

## ● 古老的消防形态 ●

寨老商量保寨护寨事宜

举行扫寨仪式

水族一般聚族而居，连片建房，每一个村寨房屋鳞次栉比。然而由于修建得比较密集，加上木材的耐火等级比较低，存在较大的安全隐患。水族先民很早就注重消防安全，通过各种行之有效的措施来确保生命财产安全，通过一些仪式来加强人们的消防意识，比如扫寨。

扫寨仪式分定期和不定期两种。通常情况下，每年定期举行一次，如果寨子出现怪异现象则马上举行。比如事故特别频繁，或牲畜连续死亡，或公鸡不打鸣、狗不吠，或山羊路过寨子或在寨子附近叫，或看见流星落到寨子里，或寨子里发生火灾但被及时控制，或者出现一些败坏风俗的事情，都要举行扫寨仪式。

水族把火灾当作头等隐患，为了消除火魔，则寄托于神，每年扫寨一次，选定的时间是每年立春之后的壬戌、癸亥两日，认为这两天是一个六十甲子的最末两天，且五行属水，宜于祭扫火星。日子选定后家家户户集资购买相关物品，并每户人家至少派一个大人参与整个过程。首先请水书先生确定方位，并选定一个合适的人安桌扑碗（扑碗，举行巫祝仪式的时候，运用水书推算，事先由选定的人朝吉利方位将5个碗压住等量的纸钱扑在桌面上）。然后家家户户将大米、稻穗、柴火、香纸等集中到安桌的地方。大米集中到米升里，每一户户主都要扯一小块布条插在其中，把稻穗集中束成一把，将此前购买的牛和鸭捆在旁边，打来一桶清水，桶里放上几尾小鱼，置一把竹叶扫帚于水桶之中，还要有很多白纸条，以及数根剥了皮的荆条等。在桌子附近，用柴火搭建一座房子的样子，里面塞满柴火。

准备工作做好之后，为安全起见，寨老派人挨家挨户检查是否完全熄火。现在还要关掉寨子上的总匣，杜绝任何人用电，要求所有在寨子里的人都要关掉手机。随着水书先生的一声令下，仪式开始，他把那束糯米稻穗放在肩上，手拿一把芭茅草，奉请诸路吉神驱除火魔，保佑寨子无灾无难。随即杀鸭割牛耳，用血淋在白纸条和冥纸上，并滴到事先准备好的水桶里，并派人将鸭毛、白纸条夹在草绳上，草绳两端各系一根剥皮的荆条，横跨道路，拦住各条进寨的路口。举行仪式期间，派人把守路口，准出不准进，任何人和机动车辆都不能进寨。

　　紧接着燃烧用柴火搭建的房子，在火焰正旺的时候，寨老喊："失火啦！失火啦！"大家迅速用水桶里的水将火浇灭，随后一人牵着牛，一人拉着鸭走在前面，两人抬着水桶尾随，寨老领众人游寨，边走边喊："熄火罗！熄火罗！"水书先生则一路念着驱火咒，每到一户，就用桶里的水淋洒他家的房子，表示除去火患。家里的女主人事前准备了满满的一瓢水，用来淋湿游寨的鸭子，让它把晦气带走。

　　游寨结束，把守各路口的人员撤回，燃烧香纸，拆掉祭桌。大家一起把牛牵到寨脚既有水源又比较隐蔽的地方宰杀，全寨男女老少高高兴兴地带上酒饭一起会餐。席间，寨老郑重地向大家尤其是小孩子约法三章，要求做好防火安全。一般在夜幕降临时分会餐结束，大家漱口净手，将餐具洗干净，回到寨中安然入睡，憧憬着美好的明天。

祭祀保寨树

SHUANGGE
# 双歌

MANWU
# 曼舞

## ● 听歌听故事 ●

旭早，是水族特有的广泛流传的民族曲艺。旭早，水语译音，"旭"即歌，"早"即成双成对之意；也有的水族地区称为"旭凡"，即故事歌之意。"旭早"，汉文译为"双歌"。

旭早的表现形式，大大有别于其他民族的曲艺形式，具有十分鲜明的水族风格。其他民族的曲艺，多为两人或多人共同表演，而旭早的演唱大都由一人承担，演唱者既要承担说白任务，又要承担演唱任务，而且无须化妆便可扮演说白和演唱中的所有角色。早期的旭早表演，多是在热闹的酒席间进行，演唱者在讲述一段说白引出故事之后，须举起酒杯绕席一圈，引领听众一道唱起和声。每段歌毕，听众亦要齐声唱和，很能调动听众的情绪，引发听众内心的共鸣，从而将演唱不断推向高潮。

早期的旭早作品，其结构及内容较为简单，大多为说白之后演唱一两首歌便告结束。水族老一辈民间艺人潘静流演唱的很多作品均属此类，例如《野鸡和锦鸡》：

说白：一天，野鸡和锦鸡在山里相遇。野鸡夸奖锦鸡毛色美，尾巴长；锦鸡称赞野鸡聪明伶俐。好，听听他们说些什么。

野鸡：
咱同类，你最高贵；
骨头重，体大身肥。
踩哪里，哪里成路；
尾巴长，毛色美丽。
初相会，我心爱慕；
愿相陪，过此一生。
我的锦鸡友啊！
我的锦鸡友啊！

锦鸡：
听你讲，使我惭愧；
讲漂亮，我怎比你。
我愚蠢，叫声难听；
哪比你，聪明伶俐。
六月天，面红如醉；
咯咯叫，令人着迷。
我的野鸡友啊！
我的野鸡友啊！

此类旭早，大多在酒宴席中演唱，往往以暗喻手法，传达出主家与来宾之间的相互赞颂之意或青年男女之间的相互爱慕之情，幽默风趣，听众不时发出会心的欢笑，使气氛更为热烈。

随着社会的发展，水族曲艺旭早更多地关注到水族社会生活和水族人民的喜怒哀乐、情仇爱恨，内容更为真实生动，表演形式可为一人或多人，演唱地点亦由酒宴场合扩展到场坝、舞台，影响更为广泛。如《风流草》便为不同角色安排了若干处、近200行的唱段。此外还安排了介绍故事背景、串联故事情节、刻画人物心理的七处说白，从而演唱出一个因父母嫌贫爱富棒打鸳鸯的凄凉悲惨的爱情故事。故事中说唱到女主人公阿柳决心殉情投江之时，为她安排了一段唱段：

哟……嗬哦……

爱恋你，不思茶饭；

思恋你，懒尝咸淡。

没有你，吃饭多余；

我阿爹，拿糖来劝。

虽然是，糖伴好话；

像是药，难吞难咽。

恨阿爹，金钱迷心；

怨阿妈，死得太早。

我命薄，薄薄如纸；

一想到，泪水涟涟。

爹不准，阳间成对；

娘答应，阴间成双。

岩生哥，你别难过；

我把你，永记心上。

我的岩生哥哟喂！

我的岩生哥哟喂！

阿柳殉情后，男主人公岩生悲痛万分地沿江寻找，终于把阿柳的遗体打捞上来。他伤心地把阿柳埋在都柳江边的一个山脚下。故事到此又有一段说白叙述道：

风流草

自从阿柳死后，岩生忧忧愁愁，如痴如醉，天天到阿柳坟上哭呀、唱呀，诉说他的痛苦哀伤和一腔衷情。泪水把阿柳坟上的土都淋透了，坟上慢慢地长出青草。岩生的泪滴到小草上，小草抬起挂满泪珠的头，岩生唱起思恋阿柳的歌，小草竟然向岩生轻轻招手，两片小叶子靠拢到一起，像在拥抱岩生，抱得那样的热烈，那样的真诚。

这种不甘寂寞、听到歌声就翩翩起舞的小草被人们称为"风流草"，并一直生长在三都水族自治县都江镇的路旁、江边。

最后，该篇旭早为演唱者安排了一段唱段，以点明故事的劝诫主旨：

> 兄弟们呀，
>
> 姐妹们呀！
>
> 前辈人，封建迫害；
>
> 男配女，父母包办。
>
> 要婚姻，不得自由；
>
> 父贪财，害了女儿。
>
> 学他们，有什么好；
>
> 看岩生，坟上哭人。
>
> 哭给天，天不会应；
>
> 哭给草，草知动情。
>
> 苦命的阿柳姑娘喂！
>
> 苦命的阿柳姑娘喂！

虽因篇幅关系，未将《风流草》的唱段及说白全部引出，但已能清楚地看到在旭早中，其说白、唱段是相互穿插，有机结合，相辅相成，融为一体。而演唱者可以是一人扮演所有角色并承担所有说白和演唱，也可以是一人承担说白任务，多人分别扮演不同角色并分别演唱各自的唱段，表演形式十分机动灵活。同时由于旭早的内容贴近水族人民的社会生活，不仅增强了真实性、故事性，而且更富有社会教化作用，故而此类旭早更受到水族人民的普遍欢迎。

另如20世纪三都女艺人石鞭编演的《艳山花》，开篇便唱道：

> 流海业喂！
>
> 流海育喂！
>
> 我这里酒杯高举，
>
> 谢主人再敬六亲。
>
> 唱一段大家高兴的事情，
>
> 说一件真真实实的事情。

接着便以七处较长的说白和近200行唱段相互穿插，演唱了一个根据水族社会现实编就的故事：玉芬姑娘坚决反对父母嫌贫爱富一手包办的婚姻，和心上人朝刚冲破旧思想旧习俗的束缚，私定终身，远走高飞。玉芬的父母又气又急又无可奈何，每天还得家里家外地辛苦操劳，终于双双病倒在床。这时他们才后悔万分，不该阻挠女儿的自由恋爱，从而落得这么个冷冷清清凄凄惨惨的处境。而在外的玉芬小两口始终挂念着老人，竟然在两老孤苦无依之时返回家中，并诉说道："孩儿不孝，不该丢下爹妈远走高飞。"俩老喜出望外，玉芬的爹爹唱道：

> 要说错，爹错在先；
> 要说打，打爹在前。
> 我不该，强蛮武断；
> 强迫你，接受姻缘。
> 这都是，老旧规矩；
> 旧黄历，拿来再翻。
> 害得你，离家逃避；
> 弄得家，万般困难。

其母唱道：

> 玉芬你，情通理宽。
> 句句话，都是良言。
> 妈现在，回心意转；
> 改旧习，理得心安。
> 婚姻事，依从你办；
> 任随你，选个男儿。
> 只要你，心足意满；
> 妈妈我，一定喜欢。
> 我的姑娘哟喂！
> 我的姑娘哟喂！

在玉芬的鼓励下，朝刚甜甜地喊了声："亲妈亲爹哟！"而后他唱道：

> 我家住，都柳江边；
> 和玉芬，同学三年。
> 感情深，两相情愿；
> 对二老，不再隐瞒。
> 我愿当，上门女婿；

与玉芬，喜结良缘。
我们俩，相亲互敬；
奉二老，安享百年。
我的亲爹妈哟喂！
我的亲爹妈哟喂！

水族旭早《水寨除魔》

此篇旭早宣传破除封建陈旧陋习，宣扬婚姻自主以及男方入赘女家的新风尚，情节一波三折，故事幽默风趣，曾在水族地区产生很大的影响。

21世纪以来，不少反映社会进步、时代发展的新编旭早更是受到水族人民和社会各界的青睐。如三都水族自治县文联主席杨胜超编写的《朝霞情缘》，直接反映深圳帮扶三都，使水家贫苦学生得以完成学业的感人故事，获教育部主办的"校园之春"全国曲艺大赛二等奖。都匀市文工团编写并演出的旭早《水寨除魔》荣获2010年7月在贵阳市举办的全国少数民族曲艺展演一等奖。中央民族大学博导、教授何琳高度评价说："表演声情并茂，说唱互为辉映，作品注入了时代元素，使水族旭早这一传统曲种焕发了新的生命力。"

敲铜鼓

## ● 铜鼓响，脚板痒 ●

水族是一个能歌善舞的民族，舞蹈中最具特色、最能震撼人们心灵的要数铜鼓舞。铜鼓和水书、马尾绣、端节是水族的"四宝"。水族视铜鼓为神器，神圣不可侵犯。在水族人眼里，铜鼓是财富、地位的象征，人们以拥有铜鼓为尊。在水族地区，流传着许许多多关于铜鼓的神话传说和民间歌谣，如《铜鼓的由来》《斗犀》《端节降龙》《虎鼓伏虎》《铜鼓情》《木鼓的传说》等。在这些脍炙人口的神话传说和民间歌谣中，大多认为铜鼓和人一样有生命和灵魂，将铜鼓人格化、生命化、神圣化，足见水族人民对铜鼓的崇拜。

在水族的一首古老歌谣《铜鼓歌》中，对铜鼓的由来、铸造过程等进行了生动的描述：

流嗨业喂！
流嗨育喂！
讲神仙，谁都知道；
都说它，飘游天上。
说到勉①，人人喜爱；
敲起来，山摇地动。
问铜鼓，造于何年；
又问它，是何人造？
你问我，我也不知；
问大伙，少有知道。

——————————————

①勉，水语译音，即铜鼓。

1999 年发行的"水族"邮票

铜鼓石刻

精致的铜鼓架

有的说，神仙赠送；
有的讲，汉朝诸葛。
仙人说，始于七王；
七王中，大王首造。

大王蒲①，住在樟耳；
二王耶，住在姜高。
三王宋，他住里坳；
四王于，他住野西。
五大王，住在梅弄；
六大王，住在里袄。
七王申，住在洞里；
他们住，四方八面。
他们住，金山银海；
田园广，美丽富饶。
挖金山，烧铸成铜；
想用铜，把勉来造。
七大王，相会一起；
共商讨，四十九朝。
大王说，以大为妙；
二王说，以高为妙。
三王说，不大不小；
四王说，分等来造。
五王说，不管大小；
造出来，才是英豪。
六王说，这样最好；
先造出，就是正王。
七王说，最好同心；
造铜鼓，造福子孙。

---

① 蒲以及下文中的耶、宋、于、申等是水族神话传说中几个大王的名字。樟、耳、姜、高、里、坳、野、西、梅弄、里袄、洞里等都是地名。

大王蒲，想了百日；
下决心，把铜鼓造。
第一件，不吃荤菜；
要诚心，才能造鼓。
第二件，要多试验；
和匠人，一起研讨。
第三件，心要正直；
第四件，要多商讨。
大王蒲，亲自烧炭；
大王蒲，亲自造模。
造三年，造鼓九十；
没一个，造合心愿。
蒲的衣，已穿烂了；
蒲人手，起了茧泡。
大王蒲，一身都瘦；
两只眼，起了血丝。
不甘心，就此失败；
大王蒲，继续造鼓。
人心诚，天仙感动；
仙指点，铸出铜鼓。
铜鼓高，又粗又大；
重八百，还多四斤。
六王知，全来祝贺；
谢天仙，造出铜鼓。
七大王，重新造鼓；
造的鼓，真是小巧。
鼓面一尺五，鼓身二尺高；
鼓面有太阳，鼓芒天下照。
从此过端节，寨寨有鼓敲；
铜鼓嗡嗡响，老幼都欢笑。
水家爱铜鼓，好比爱珍宝。

　　水族人民在使用铜鼓之前，尤其是在重大场合使用之前，都要举行"请鼓"仪式。取出铜鼓之后杀鸡而祭，要将鸡血滴于鼓面，平日"请鼓"也要喷酒于鼓，并由长者象征性地敲击几下，并吟诵一些吉利的祈祷之语，而后才可启用。活动结束，收藏铜鼓的时候，同样要用酒肉敬祭再密藏。水族在建造房屋的时候，在堂屋的上方，均要专设一根用于悬挂铜鼓的横梁。由此可见铜鼓已经成为水族的一种精神、一种文化、一种信仰。

铜鼓声声庆丰收

　　在水族社会的祭祀活动中，铜鼓是祭祀的神器；而在岁时节庆中，铜鼓成了伴歌伴舞的乐器。在水族地区流行着这么一句话："铜鼓响，脚板痒。"意思是说听到铜鼓声，人们便情不自禁地手之舞之、足之蹈之。此外，还有"敲鼓过端好赛马，敲鼓过端好唱歌"之说。每当听到雄浑的铜鼓声时，大家就会情不自禁地手舞足蹈起来，铜鼓舞就是这样逐步形成的。在水族歌舞中，以鼓伴舞，以鼓伴歌是极为普遍的现象。利用鼓点伴奏舞蹈更容易表达出人们的情感，或舒缓雍容，或雄浑激越，或哀怨忧伤，或奔放热烈。

　　铜鼓舞源于古老的巫师舞，

铜鼓舞

是水族先民古代祭典活动中必不可少的祭祀舞蹈。随着社会的发展，它从祭祀活动中脱离出来，日渐成为水族人民娱神娱人的民间舞蹈。舞蹈动作古朴、雄健、粗犷，场面既壮观热烈，又典雅古朴。水族铜鼓舞有男子铜鼓舞和女子铜鼓舞之分，表演时由三人来敲击铜鼓和木鼓等作伴奏，一人敲铜鼓，左手用竹鞭敲击鼓腰，右手持鼓槌敲击鼓面；一人用木桶按鼓点节奏敲击；一人打击木鼓。舞蹈者则随着鼓点节奏，围着铜鼓起舞。舞蹈内容十分丰富，有执戈而舞，表达征战御敌保卫家园的战阵舞，有安慰、超度亡灵与娱神的祭奠舞，有喜庆丰收的端节舞，有迎送亲友的礼俗舞……

随铜鼓声翩翩起舞

SHUIJIA
# 水家
JUNYAN
# 俊彦

## 不惜惟我身先死　后继频频慰九泉

四十年前会上逢，
南湖泛舟语从容。
济南名士知多少，
君与恩铭不老松。

此诗作者是我党创始人之一的董必武同志，诗题名为《忆王尽美同志》。这是董老1961年8月21日于京汉途中，遥忆当年与王尽美、邓恩铭同时出席中共第一次全国代表大会时的情景，以及王尽美、邓恩铭在山东牺牲之事，写下的缅怀二位英烈的诗章。

王尽美、邓恩铭均为中国共产党第一次全国代表大会代表，是我党早期著名的革命家和工人领袖。其中，邓恩铭是中共一大代表中唯一的一位少数民族代表。

邓恩铭（1901～1931），水族，今贵州省黔南布依族苗族自治州荔波县水浦板本寨人，其家世代以耕田种地和采药行医为生。后来，邓

恩铭之父邓国琮在荔波县城修建了一栋木房,其母常常以做布鞋、绣花和做豆腐卖来补贴家用。做豆腐很是辛苦劳累,邓恩铭小时候经常在天不亮时就起床帮助母亲推豆腐,天亮后又陪母亲一起到市场上卖豆腐。少年时代的磨炼使得邓恩铭很早就体会到了生活的艰辛。

邓恩铭

邓恩铭 6 岁之时,其父节衣缩食,将他送进私塾,而后又转入荔波县立小学读书。他聪敏好学,深得老师的赞赏。更难能可贵的是,因受到辛亥革命思想的影响,少年时代的邓恩铭竟能针对当时黑暗的社会现实,写下一些抨击时弊的诗篇。其中一首写道:

种田之人吃不饱,
纺纱之人穿不好;
坐轿之人唱高调,
抬轿之人满地跑。

邓恩铭烈士故居

荔波樟江

另一首则表达出他对清末水族农民起义领袖潘新简的崇敬之情：

> 潘王新简应该称，
> 水有源头树有根。
> 总为清廷政腐败，
> 英雄起义救民生。

流经荔波境内的樟江，一碧如洗，两岸林丰竹茂，风光旖旎。少年时代的邓恩铭游览樟江美景，触景生情，写下这首《荡舟樟江放歌》：

> 撑船不怕风浪大，
> 可能四两拨千斤。
> 报国虽然年纪小，
> 国家大事记在心。

可见，少年时代的邓恩铭心中便已有了革命思想的萌芽，立志报国，决心为民族的解放，为推翻黑暗的旧社会作出自己的贡献。

1917年夏，为了开阔眼界，邓恩铭决定远离家乡，投靠在山东为县官的二叔黄泽沛继续求学。一位同窗好友劝阻他说："世道如此不平静，何必奔波千里求学呢？"邓恩铭写下两首诗来表示自己的决心。其中一首写道：

男儿立志出乡关，
学业不成誓不还。
埋骨何须桑梓地，
人间到处是青山。

另一首诗既表达出他对故乡、亲友的留恋之情，更表现出他业已树立扭转乾坤的远大抱负：

君问归期未有期，
回首乡关甚依依。
春雷一声震天地，
捷报频传是佳期。

1918 年，邓恩铭到了山东，考入省立一中。这期间，俄国十月革命一声炮响，给中国送来了马克思列宁主义的革命真理。邓恩铭和不少进步青年一起，积极投入反帝反封建的各种革命活动之中，并因此结识了山东省立第一师范学校的学生王尽美等人。他们积极组织热血青年和广大群众，上街游行、宣传演讲、罢市罢课，创办刊物宣传革命思想，掀起了一浪高过一浪的反对帝国主义和北洋政府反动统治的斗争浪潮。邓恩铭不但在斗争中经受了各种考验，更在革命实践中逐渐成长为一个马克思主义者。为了宣传革命，发动群众，他经常出没于工厂、商埠和劳苦大众之中，曾在山东济南的《通俗日报》上发表一组反映劳苦大众艰辛生活的诗章。其中一首写道：

皎洁的月光悬在天空，
路上行人没了人影。
仅听见住在胡同道儿的铁匠，
叮咚！叮咚！
不住地劳动。

邓恩铭坚定的革命斗志和杰出的才能赢得了广大进步学生的信任，在 1920 年 6 月学生自治会的选举中他被选为学生会领导成员并兼任出版部部长。针对当时全国各地尤其是山东省内灾荒严重、哀鸿遍野的悲惨情况，邓恩铭策划出版了一期校刊《灾民号》，亲笔撰写了《灾民之我见》这篇笔锋犀利的时政论文。文章开篇便提出了若干个发人深省的社会问题：为什么有灾民？我们对于灾民应当怎么样？怎样赈济法？光赈济目前吗？还是赈济将来呢？灾民的觉悟……接着一针见血地指出灾民问题的实质："就是因为一帮军阀、官僚、政客、资本家横征暴敛、穷奢极欲，才有灾民。"号召灾民："要有彻底的觉悟……要知道，要是再不设法子来对付这一帮豺狼似的军阀、官僚、政客、资本家，以后就没有我们苦人过的日子了！"

在此期间，邓恩铭、王尽美和另一名同学王志坚发起成立"康米尼斯特学会"（即共产主义学会），组织进步青年学习、研究、宣传马克思主义。1920年10月，李大钊、陈独秀相继在北京、上海成立共产主义小组。消息传来，邓恩铭、王尽美、王翔千、王复元、王用章等5人亦在1921年成立济南共产主义小组，邓恩铭、王尽美被推举为负责人。1921年6月，邓恩铭、王尽美两人作为济南共产主义小组的代表赴上海参加是年7月举行的中国共产党第一次全国代表大会，出席本次大会的有13名代表，代表了当时全国的50多名党员。此次大会，向全世界宣告中国共产党正式成立了。

返回济南后，邓恩铭和同志们一起组织进步党员成立马克思学说研究会，并经常深入工人群众中去宣传马克思主义，对马克思主义在济南和山东的传播发挥了很大作用。

1922年1月，邓恩铭、王尽美等人受中国共产党的委派，参加了共产国际在莫斯科举行的远东各国共产党及民族革命团体第一次代表大会，并受到列宁的亲切接见。1922年4月，邓恩铭返回祖国，于7月16～22日参加了在上海举行的中国共产党第二次全国代表大会，并向代表们传达了远东革命团体会议的精神。

其后，邓恩铭和王尽美返回济南，积极发展山东各地的工人运动。邓恩铭来到淄河矿区，在工人中撒播革命火种，不断发展工人群众入党，并于1923年秋成立了中共淄河矿区支部。

1923年秋，邓恩铭受党组织委派，来到青岛开展工作，筹建党团组织。他深入到学校师生、工人群众中，宣传革命真理，传播马克思主义，组织学习《共产党宣言》等，反帝反封建、反压迫反剥削的学生运动和工人运动在青岛如火如荼地开展起来。1924年11月，中国社会主义青年团青岛支部正式成立，邓恩铭担任书记。同年又成立了中国共产党青岛小组，邓恩铭担任组长（嗣后改称中共青岛支部，邓恩铭任书记）。

1925年2月，在邓恩铭和中共青岛支部其他同志的组织领导下，青岛胶济铁路和四方机厂的工人举行了声势浩大的大罢工，胶济铁路全线瘫痪。罢工运动持续了 10 天之后，反动当局和资本家不得不作出妥协，青岛市及胶济铁路沿线各段鞭炮齐鸣，庆祝罢工胜利。同年 3 月胶济铁路总工会正式成立，下设青岛、高密、坊子、张店、济南、四方机厂等 6 个分会，会员发展到 1500 余人。

其后，青岛多家纱厂相继成立工会。当时，青岛计有 7 家纱厂，除华新厂是中国资本家兴办外，其余 6 家都是日本资产。为反对日、中资本家对工人的残酷压榨，1925 年 4 月 19 日，青岛爆发了全市纱厂工人大罢工。邓恩铭亲自起草了《青岛大康纱厂全体工人泣告书》，严词鞭挞日本帝国主义"欺负我们国家，侵略我们主权"，对工人"要打就打，要骂就骂"的罪恶行径。工人群众向厂方提出了 16 条要求。眼见罢工浪潮一浪高过一浪，日本厂方不得不作出退让，与工人代表签订了复工条件，罢工运动取得了胜利。

嗣后，为镇压如火如荼的工人运动，反动当局与日本帝国主义强盗勾结，竟然于 1925 年 5 月 29 日出动军警 3000 余人，强行解散纱厂工会，打死工人 8 人，打伤 17 人，逮捕 75 人，这便是震惊全国的"青岛惨案"。邓恩铭亦被反动派当局逮捕，关押一周后被驱逐出境。

1925 年 5 月 30 日，上海也发生了英帝国主义屠杀中国工人的事件，即"五卅惨案"。这两起惨案在当时被称为"沪青惨案"。在这种严峻的形势下，邓恩铭冒着生命危险潜入青岛，组织动员青岛工人、学生和社会各界民众成立"胶济铁路总工会沪青惨案后援会"，进行广泛宣传，揭露帝国主义和反动当局的滔天罪行。青岛怒吼了，掀起了声势浩大的罢工、罢课运动，举行了声势浩大的 3 万多人参加的游行示威，并成立了青岛市各界联合会。

此种情形令日本帝国主义和青岛反动当局万分震惊，日本强盗拿出 30 万巨资买通山东军阀张宗昌。张宗昌悍然派出大批军警，强行捣毁工会，大肆逮捕工会干部、成员和进步学生，又大量开除参加罢工的工人，邓恩铭等 6000 余人遭到通缉。在这种血腥的镇压下，这次罢工失败。

然而，压迫越重，反抗越激烈。邓恩铭和同志们仍然毫不畏缩地坚持斗争。他曾一次次遇险，又一次次凭借着机智脱离险境。有一次，一个便衣警察发现了邓恩铭的行踪，便紧追不舍，邓恩铭穿过人群，进入一家理发工会会员张师傅的理发店中。邓恩铭以眼色示意，张师傅马上明白过来，便以身体挡住了警察的视线为邓恩铭理发。那个愚蠢的警察探头探脑地往屋里窥探，便守在店门口不走了。张师傅随即拍了拍邓恩铭的肩头说道："来，洗头！"邓恩铭马上会意，快步走过去，迅速闪出侧门跑到后院，翻过围墙躲过了一难。

1925 年 8 月，王尽美同志因积劳成疾不幸去世，邓恩铭受命到济南担任中共山东地方执行委员会书记。这时期白色恐怖十分严重，邓恩铭对共产主义的信念却更加坚定。他写回家中的信里有好几首诗词，充分反映出他那气壮山河的革命精神。其中一首《江城子》写到：

长期流迹在他乡，决心肠，不还乡。为国为民，永朝永夕忙。要把进潮流好转。大改造，指新航。

年来偏易把情伤，披荆棘，犯星霜。履险如夷，不畏难经常。天地有时留我在，宣祖国，勃兴强。

1925 年 11 月的一天，邓恩铭和同志们正在开会的时候，被警察当场逮捕。邓恩铭当时患有严重的肺结核，反动当局对他虽有怀疑却又查无实据，经地下党组织多方营救，花了一笔钱，他终于得以保外就医。他不顾个人安危，拖着病体，仍然一如既往地在山东各地奔波，积极开展革命活动，并主编了《红旗》《铁路工人》等刊物，向工农民众宣传革命道理。

1927 年 4 月 27 日到 5 月 9 日，邓恩铭参加了中共第五次全国代表大会和全国第四次劳动大会，还应邀到全国农民运动讲习所讲课，介绍山东工农运动的情况，给学员们以极大的鼓舞。

嗣后，邓恩铭返回山东，历任中共青岛市委书记、山东省委书记等职。1929 年初由于叛徒的出卖，邓恩铭再次被捕。这时，他的身份已经完全暴露。不论敌人是酷刑拷打还是威逼利诱，邓恩铭始终毫不动摇，坚贞不屈，千方百计地组织党内同志和其他难友两次进行绝食，抗议反动当局的虐待，和敌人进行坚决的斗争。

在敌人的监狱中，邓恩铭曾组织同志们进行了两次越狱。第一次越狱仅有一人侥幸脱险。第二次越狱有 18 位同志冲出了监狱，但因长期在狱中受尽敌人的摧残，久病体弱的邓恩铭等 11 人又被敌人抓回狱中。

敌人恼羞成怒，给邓恩铭等人上了沉重的脚镣手铐，打入死牢，严加监押。邓恩铭深知敌人不会再放过自己，坦然自若，视死如归，充分表现出一位无产阶级先锋战士的崇高品质。在英勇就义之前，邓恩铭写下了这首光耀史册的《诀别》：

卅一年华转瞬间，

壮志未酬奈何天。

不惜惟我身先死，

后继频频慰九泉。

1931年4月5日清晨，邓恩铭等22位同志被敌人押往济南维八路刑场。邓恩铭和同志们昂首挺胸，不断高呼："打倒帝国主义！""打倒军阀！""中国共产党万岁！"高声唱起《国际歌》。这威武雄壮的口号声和歌声，永远激荡在人们的心中！

为了中国革命的伟大事业，为了中华民族的伟大复兴，邓恩铭献出了他年轻而宝贵的生命。新中国成立后，山东人民在济南市塑起了邓恩铭、王尽美塑像，在青岛市太平山东麓建起了革命烈士纪念馆，里面有介绍邓恩铭等英烈的事迹的图片、资料。贵州人民在荔波县修葺了邓恩铭故居，列为贵州省爱国主义教育基地和省级重点文物保护单位。故居内陈列有党和国家领导人的亲笔题词。故居里面保存着邓

济南邓恩铭、王尽美塑像

恩铭少年时代用过的木床、桌子、椅子、石磨、药碾、八挂钟等遗物。故居右侧是"烈士事迹陈列室"。室内有邓恩铭烈士的汉白玉塑像，还陈列着邓恩铭少年时代用过的笔、墨、砚台、墨盒、衣架、马灯、家信等实物，以及介绍邓恩铭生平和革命事迹的图片、资料。

2009 年 9 月 10 日，在中央宣传部、中央组织部、中央文献研究室、中央党史研究室、民政部、人力资源社会保障部、全国总工会、共青团中央、全国妇联、解放军总政治部等 11 个部门联合组织的"100 位为新中国成立作出突出贡献的英雄模范人物"评选活动中，邓恩铭光荣入选。

为纪念中国共产党建党 90 周年和邓恩铭诞辰 110 周年，2011 年中国电影集团公司、贵州省经济文化促进会、贵州盛缘演艺经纪文化有限公司共同拍摄了电影《少年邓恩铭》，在各地影院上映，并在中央电视台和各级电视台播放。该影片再现了邓恩铭从青少年时期开始追求真理、立志献身革命的光辉历程，是一部很好的爱国主义教育影片。

邓恩铭为党和人民的事业献出了自己的青春和热血，他的光辉业绩永远彪炳史册！

邓恩铭是水族人民的优秀儿子！

邓恩铭是一位伟大的无产阶级革命家！

**荔波县城的邓恩铭广场**

## ● 简大王哈喂<sup>①</sup> ●

　　潘王新简应该称，
　　水有源头树有根。
　　只为清廷政腐败，
　　英雄起义救民生。

　　这是中共第一次全国代表大会代表、水族人民的优秀儿子邓恩铭青年时代写下的一首诗。此诗高度赞颂了水族农民起义领袖潘新简率众起义反抗清朝残暴统治的革命精神，代表了水族人民和各族人民对这位永远彪炳史册的农民起义领袖的无比崇敬之情。

　　潘新简（1819～1869），小名阿简，清嘉庆二十四年（1819年）出生于今贵州省三都水族自治县九阡镇梅采村（原属荔波县）一个水族贫苦家庭。其父潘觉，忠厚勤劳，每天起早贪黑地辛勤劳作，但其家只有祖辈留下的30挑田（约5亩），收获的粮食除了交纳官府的各

潘新简铜像

――――――――――

①简大王，即潘新简，清代咸丰、同治年间水族农民起义军领袖，深受群众拥戴，水族人民尊称他为"简大王"。哈喂，水语译音，赞颂之意。

种苛捐杂税之外便所剩无几，还得给财主家打工才能勉强维持一家的生活。因此阿简才十来岁便去给地主家放牛，吃不饱，穿不暖，受尽了地主家的欺压。一气之下，阿简便跑回家中，说什么也不愿再去为地主家当牛作马。社会的黑暗，贫富的不均，在阿简心中留下了深深的烙印，他常常仰首问天："这究竟是什么样的世道啊？"从此阿简在家中帮忙干些农活，还时常到山上打猎弥补家用。久而久之，他不仅练就了熟练的枪法、箭法，也养成了坚忍顽强的可贵性格。

　　为了打造农具和狩猎武器，青年时期的阿简还学会了打铁。有一天他在铁匠棚中打铁时，听说了这样一件令他愤愤不平的事情：其伯父潘英和梅采寨的另一户贫苦人家，因贫病交加早已卖掉了仅有的几块田土，而官府却依然逼迫他们缴纳赋税。说巧亦巧，这时恰逢官府的兵丁又来逼交赋税，见这两户人家一贫如洗无钱纳税便动手抓人。阿简怒从心中起，火自胸中生，拎着铁锤冲将出来，对着凶神恶煞一般的兵丁吼道："今天我倒要看看，是你们的脑壳硬，还是我的铁锤硬！"说时迟，那时快，阿简挥舞铁锤冲上前去，一锤击中一个兵丁的胸部，只见那兵丁口喷鲜血，顿时丧命。其余的兵丁被吓得屁滚尿流，狼狈而逃。

　　官府哪里会放过胆敢造反的百姓？为了躲避官府的追捕，潘新简只好离家出逃，有时藏匿在亲朋好友家中，风声紧时则只好在深山密林中避难。在几年颠沛流离的日子里，他耳闻目睹了清王朝荼毒百姓的种种罪恶和贫苦百姓艰难的生活境况，更增添了他对清王朝的仇恨。其间他还结识了不少意欲反清的英雄豪杰，如吴邦吉、覃朝刚等人。大家时时相聚，发泄对清王朝的满腔怒气，进而感到光是发火出不了气，便密谋反清举义，拯救苍生。

九阡水族起义遗址被列为贵州省重点文物保护单位

其时太平天国起义已于道光三十一年（1851年）爆发，其成员张钊在黔桂边区起事，义军已逼近荔波。咸丰四年（1854年），独山杨元保亦领导布依族农民起义反清。潘新简等人见起义时机已经成熟，便邀约都江厅的罗光明、徐多福前来策划起义大事，商定起义的时间、地点、步骤及相互策应等事宜。

多年的磨炼使潘新简深深懂得民心向背的重要性，为了使起义伊始便能得到广大民众的拥护，他们走乡串寨，进行宣传，打消大家的顾虑，得到了广泛拥护。为了壮大起义的声威，潘新简又想出了一条"丢钱试民心"的妙计，并吩咐众人按计实行。

咸丰五年（1855年）元月，潘新简组织大批成员来到九阡的"其辰"（水语，即龙场）场坝上，搭好台子向前来赶场的各族群众宣传起义。潘新简登上高台，一一控诉清王朝的种种罪恶，眼见台下群情激奋，潘新简高声呼喊道："鸟代碍王，共碳其怒啊！"（水语，意为，起来造反才能活命，呆坐就是等死，大家愿意怎么办啊？）成千上万的

潘新简纪念碑

群众随即同声高呼："要造反！要造反！"义军成员便接连放了三响大铁炮，手持火药枪的伙伴则一齐朝天鸣枪，呼喊声、枪炮声震动大地。潘新简随即说道："乡亲们！我们已经在出入场坝的四条路口摆放了四只谷桶，支持造反的人，每人往里面丢一文铜钱以表示决心。"刹那间，满场坝的人便向各条路口蜂拥而去，纷纷掏出铜钱丢进谷桶。傍晚时分，四只谷桶里的铜钱竟然有一万多枚。潘新简不禁大喜，便催促伙伴们加快赶造刀枪剑戟，加紧做好各项准备工作。

荔波知县蒋嘉谷闻知此讯，惊恐不已，急派一队团练到九阡抓捕潘新简、吴邦吉、覃朝刚等，妄图扑灭即将燃烧起来的起义大火。不想潘新简早已探知消息，待官府兵丁夜晚走到梅采寨潘新简家附近时，排山倒海般的呐喊声四处响起。火把照亮之处，潘新简手持锋利的大砍刀冲将过来，潜伏在寨内寨外的数千民众一起高声呐喊着冲向清军，眨眼间这一队团练，全部成了义军的刀下之鬼。轰轰烈烈的水族农民大起义就这样爆发了。

由于起义之前早已做了大量的舆论宣传，荔波境内，如羊安、水婆、三洞、莪蒲、周覃、方村等地的水族人民和布依族人民，亦纷纷揭竿而起，积极加入潘新简起义军。短短一两个月的时间，义军迅速达到万余人，声势浩大，荔波县城几乎沦为一座孤城。是年七月，荔波知县蒋嘉谷眼见大事不妙，急募广西南丹的刘山率其团练前来合力攻剿义军。潘新简心生一计，令覃朝刚诈降清军，混入荔波县城，自己则率部配合罗天明、潘阿六等部义军，里应外合，围攻荔波，虽未攻下县城，却重创清军。

十月，潘新简又于水错河边妙施埋伏，重创清军，荔波知县蒋嘉谷命丧黄泉，其手下干将刘山逃入城中死守，亦被义军炮火击毙。眼见荔波县城即将被义军攻破，不料水族败类蒙庆湘率部突袭，义军被迫撤回九阡。

其后，潘新简起义队伍不断壮大。咸丰九年（1859年），义军拥立潘新简为"辅德王"，安排调整了义军的组织机构，并张榜行文。义军还特意给各族民众发放了"简王牌"。原来，清官府勒令各族民众每家每年须缴纳三两银子的赋税。义军贴出榜文，告知各族民众，如果向义军交三钱银子领取上面烙有"简大王治"印记的木牌，则会得到义军的保护而无须向官府纳银。四乡八寨的百姓纷纷涌来领取"简王牌"。一天，前来逼税的"卡债"（水语，指前来追债抓人的兵丁）一见大怒，扯下不少人家门上的"简王牌"摔烂在地。老百姓便吹响牛角向义军报信求助。果然，义军很快便赶将过来，痛打了这些"卡债"后才将其放回。自此之后，兵丁一听说要被官府派去催交赋税，全部磕头求饶说："打死我吧，打死我也不敢去催债了！"于是乎，荔波、三都不少地方的各族民众，就靠着这"简王牌"，免除了清王朝苛捐杂税的盘剥。

自咸丰七年至同治六年（1856～1867年）的十余年间，潘新简农民起义军曾数次攻打荔波县城，并曾五次攻占县城，消灭清军数千人之众，击毙守备曾玉麟、千总王化龙、知县彭培垣、游击范定邦等；同时还曾配合太平军攻占独山县城，全歼守城清兵，独山知府侯云沂亦被击毙。这十余年间，是潘新简义军诞生—发展—壮大—全盛的时期。

潘新简义军声势如此浩大，自然成了清廷的眼中钉、肉中刺，欲除之方能安心。特别是在同治七年、八年（1868～1869年）两年间，潘新简义军又多次大败清军，甚至击溃了黔桂两省清军的围剿，更使清廷惶恐不安。于是清廷下令广西巡抚苏凤文派副将潘其泰、总兵孔宪隆率七营清军，会合原驻荔波的三营清军，合力围剿潘新简义军的九阡根据地。

面对数倍于己的清军，义军岿然不动，毫无退缩之意。自同治八年四月十八日起，九阡保卫战拉开序幕，义军与清军激战数十日，与清军展开殊死搏斗。既无援兵，又无退路，义军只能是一座营寨一座营寨地死守硬拼，直至五月中旬梅采寨失守，潘新简身边只有数十名伤残部下，仍毫无畏惧地突出重围，意欲重新联络各地义军再图大业。然而就在六月三日，因内奸出卖，潘新简、吴邦吉等人不幸落入清军手中。

清军把总孔宪隆大喜过望，并一再威逼利诱潘新简降清，保其有高官厚禄。潘新简大义凛然地答道："头可断，血可流，我简大王誓不降清！"气急败坏的孔宪隆无计可施，便将潘新简与其妻儿，以及吴邦吉等27名义军将士关入囚笼游街示众，之后又押往广西桂林。同治八年八月十五日，潘新简被清廷以车裂的酷刑杀害。

潘新简英勇牺牲了，但他的革命精神如同青山永在，他的不朽英名如同江河长流，他永远活在人民心中！潘新简农民起义遗址梅采寨早已被列为贵州省重点文物保护单位。在水族地区，时至今日依然流传着许多关于潘新简举义反清的故事和歌谣，其中一首叙事歌《简大王之歌》长达300多行，一一叙述了潘新简的英雄业绩，结尾处唱道：

简称王，得十五年；

普天下，百姓颂扬。

简大王，不幸升仙；

美名儿，千古流芳。

简大王哈喂！

简大王哈喂！

九阡水族起义遗址

# ● 身在异乡、心怀祖国的石文宣 ●

1989 年，石文宣在贵州省
水家学会成立大会上发言

笔者的书橱中，珍藏着一部石文宣当年馈赠的台湾版的《辞源》，每当查核资料，翻开这部厚厚的《辞源》时，石文宣的音容笑貌便浮现在眼前。

石文宣于 1925 年 10 月 15 日出生在贵州省都江县（现三都水族自治县都江镇）上江乡摆鸟村。这是一个水族聚居的山村，山岭连绵，溪流交错，林木葱茏，环境优美。其父石开明，勤劳质朴，靠耕田染布维持一家生计。石开明颇有见识，虽然家境并不宽裕，仍节衣缩食，将石文宣送进私塾读书。尔后石文宣又相继考入都江中心小学、国立贵州师范学校就读。他立志毕业后回乡执教，改变水族地区文化教育落后的状态，因而学习勤奋，成绩优异。

然而，石文宣的这一愿望却因日本侵略者燃起的战火而遭到破灭。1944 年，日军入侵贵州，三都、独山、荔波、丹寨等地遭到日军的狂轰滥炸。日军的暴行燃起了石文宣心中的怒火，他和一批热血男儿一起响应"十万青年十万军"的号召，投笔从戎，参加了中国远征军，并于 1944 年 5 月进入贵阳教导团，接受了为期两月的军事训练，从此开始了他的军旅生涯。

其后石文宣被分配至孙立人将军任军长的中国远征军新一军中，并参加了惨烈的远征缅甸的作战。虽然中国远征军伤亡惨重，但也重创日军，并攻下了日军盘踞的缅甸八莫、南坎、畹町等。在仁安羌大捷中，中国远征军击毙日军 1000 余人，解救出被日军围困的英缅军一师 7000 多人，威震敌胆，扬名世界。

1945 年 5 月，石文宣随军回国。1945 年 8 月，日本政府宣布无条件投降。新一军于当年 12 月在广州接受日本第 23 军的投降。其后，因蒋介石一心要搞独裁统治，导致国共两党分裂，新一军被卷入内战之中。

1947 年 8 月，孙立人被国民政府任命为陆军副总司令，并奉调台湾，出任台湾防卫司令。石文宣亦随之赴台湾，先后在多种训练班受训，历任少尉区队副、区队长、中尉连长、上尉连长、少校副营长、中校副营长、中校营长等职。

1955 年 6 月，蒋介石在屏东检阅部队时，石文宣部下的一位士兵的子弹袋中藏有一粒子弹，石文宣因此受到牵连并遭到记大过处分。孙立人将军更是因此事而背上了企图兵变的罪名，从此一直遭受软禁，直到 1988 年他已是 89 岁高龄时方获自由，两年后即病逝于台中。

在当时情形下，石文宣愤然申请退役，并于 1959 年 6 月 1 日获得批准。退役金甚少，而自己又无一技之长。石文宣仅靠在街边摆设一个出售、修理打火机和钢笔的小摊为生，其后又在渔船上打工，生活十分困窘。

1970 年，他毅然决然地离开台湾，在友人的帮助下远渡重洋，来到西班牙另谋生路。

石文宣来到西班牙，人生地不熟，幸得朋友介绍，在一位西班牙退役少将开设的"中国饭店"里谋得一份杂役的差事，每日扫地抹桌洗碗筷，从早到晚忙个不停。所幸他从小在家打杂放牛养成了吃苦耐劳的品质，又有一定的文化，并通晓英语，所以颇得老板的赏识。为便于和当地民众沟通，石文宣又忙里偷闲，夜以继日地学习西班牙语，最终攻克了语言难关。由于他工作认真，任劳任怨，热情待客，为人诚恳，被老板聘为会计。更令石文宣意想不到的是，时日一长，老板的女儿见他身材魁梧，又精明能干，竟然暗生情意，倾心于他，两人最终结为终身伴侣。

婚后，岳父对他更加信任，又因年事已高，便将饭店交给他全权掌管。石文宣头脑灵活，善于经营，夫唱妇随，尽心尽力，饭店的生意一天比一天红火，便又增开了几个"中国饭店"，生意十分兴隆。在西班牙卡底斯若琴市，提到"中国饭店"，人们都交口称赞。石文宣成了当地的名人，还有了两个聪明可爱的孩子。

　　石文宣的坎坷经历令人惊叹，艰苦创业的精神值得称赞，而更令人折服的是他的爱国情怀，是他对两岸统一，对祖国富裕、民族昌盛的强烈责任感。他十分关注国家前途和民族复兴，多次力谏台湾当局放弃"三不政策"，及早与中共合谈，以实现伟大祖国的和平统一。

　　1986年3月6日，石文宣亲笔向蒋经国上书，恳切地说道："希望两党不要把仇恨记在心上，早日实现和平统一，共同来振兴中华。"

　　1988年3月21日，他写给国民党元老谷正纲的信中说道："爱国就要和平统一，和平统一才是国家之福、中华民族之福。"

　　1988年3月22日，他又向李登辉上书说道："和平统一才是国家之福、台湾同胞之福。如果拒绝和平统一，必是内战，这样将会给国家民族带来灾难。"

　　1988年3月25日，他又向时任国民党中央委员会秘书长的李焕上书，非常恳切、非常直率地说道："早日实现和平统一，国家领土才能得到完整，对历史才有个更好的交代，我党（指国民党）才是爱国的党。否则，就是卖国的党……大家要发扬爱国的精神，要有远见，要为国家民族的长远利益及中华民族世世代代子孙着想，再次合作，共同来振兴中华。当前是大好时机，错过了这一时机，将会是严重的历史错误。"

　　1988年4月7日，李焕复函给石文宣："所示建议内容精粹，见解中肯，已经送交本党（指国民党）第十三次全国代表大会筹备单位汇整，以便并案送请大会研讨。"

　　石文宣身在异

1989年，石文宣先生与时任黔南布依族苗族自治州常务副州长胡品荣同志（左）亲切交谈

乡，心怀祖国，先后写了 200 多封信给台湾当局国民党政要，直言不讳地提出自己的政治见解，字里行间流露出热烈盼望祖国和平统一、中华民族伟大复兴早日实现的一腔真情。这些信件以及收到的复函，石文宣曾将复印件交到黔南布依族苗族自治州侨联负责人手中，成为历史的见证。

　　石文宣曾多次利用回国返乡探亲的机会，积极为流落台湾及异国他乡的同胞寻找家人，先后为原籍贵州、北京、上海、河南、河北、湖北等 12 个省市的 120 多个住台同胞及华侨找到国内的亲人。

　　他还多次宣讲回国探亲的亲身经历和伟大祖国日新月异的巨大变

石文宣先生（中）与贵州省水家学会部分领导留影

化，以及中共积极推进和平统一祖国伟大事业等相关政策。时至今日，海峡两岸民众的沟通交往及商贸企业合作日益增强，其中亦包含有石文宣的努力。

石文宣虽然不是亿万富翁，但他竭尽全力报效乡里。每次回国探亲，他都要购上一大批《辞源》《新华标准英汉辞典》《新华字典》和计算器等学习用品赠送给故旧亲友和乡里子弟，并曾向三都水族自治县民族中学、都江区中学和都江区一些小学捐款赠书，激励家乡子弟为振兴中华而勤奋学习。

他还曾针对贵州山地耕作的实际情况，在国外选购了一台小巧灵活的小型拖拉机带回国内赠给贵州省政府，希望能够有助于贵州省研制出更为适合山区耕地的新型拖拉机。省政府对石文宣表示感谢，并将这台拖拉机交给省山地研究所和红星拖拉机厂研究，希望他们能够从中得到启发，研制出新的适用的农机。

石文宣热爱祖国，对促进祖国和平统一作出了杰出贡献，受到了党和人民政府的充分肯定。1984 年、1989 年，中华人民共和国国务院将石文宣作为爱国华侨代表，先后两次邀请他赴京参加国庆大典。石文宣登上天安门城楼，亲眼目睹了党和国家领导人检阅三军的雄壮阅兵仪式，激动得热泪盈眶。

正因为石文宣热爱祖国，热爱乡亲，而他 1989 年回国之时又恰逢贵州省水家学会正式成立，于是他成为特邀代表，并被聘为学会顾问。石文宣慷慨解囊，为学会提供活动资金，并衷心祝愿水族人民早日实现小康，过上更加幸福美满的生活。

1998 年，石文宣计划偕夫人及女儿石英英和儿子石英中一起，全家返回故乡探亲，不料因突发心脏病，抢救无效，于是年 7 月 4 日在西班牙南部城市卡底斯若琴与世长辞。

石文宣是国务院确认的对祖国统一大业卓有贡献的水族爱国华侨。石文宣仙逝了，然而在我们的心中，石文宣热爱祖国的赤子之心永远在鲜活地跳动。

石文宣，魂兮归来！

## ● 高风亮节、典范长存的潘一志 ●

在水族人民乃至黔南社会各界人士中，潘一志享有很高的声望，这不仅因为潘一志是一位著名水族学者，对水族社会历史的研究作出了杰出贡献，更因为他那特立独行的传奇人生和高风亮节。

潘一志原名益智，清光绪二十五年（1899 年）十二月二十九日诞生于今贵州省三都水族自治县三洞乡梅山寨（原属荔波县）一个水族知识分子家庭中。其祖父潘文秀和父亲潘树勋甚为高兴，反复推敲，再三斟酌，为其取名"益智"——期望他秉承耕读为本、诗礼传家的良好家风，将来成为一位"仁义礼智信"兼备的谦谦君子，以报效自己的民族和国家。及冠之年，其父潘树勋又为其取字为"若愚"——这既是取"大勇若怯，大智若愚"之意，亦使其名"益智"之内涵更为丰富深邃，名与字相辅相成，相得益彰。

潘一志的祖父潘文秀是一位从水寨出外求学而考上荔波县学的生员，即人们所称的秀才。清末社会动荡，潘文秀遂摒弃功名之念，返

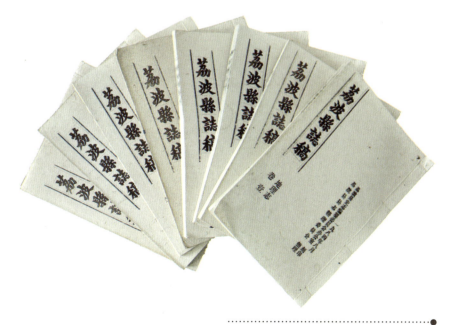

潘一志先生编纂的《荔波县志稿》

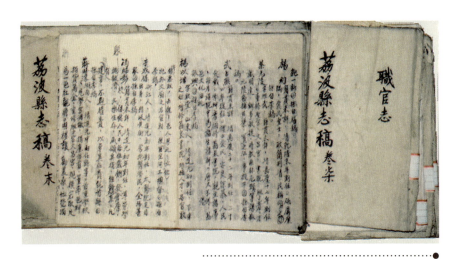

潘一志 1943~1944 年编纂的县志手抄本

乡兴办"梅山学馆"，教育乡里子弟。潘文秀去世后，潘树勋子承父业，继续执教。

　　其家学深厚，故而潘一志从小便受到了儒家文化的熏陶，并于1918 年考入都匀十县合立四年制中学。1922 年潘一志毕业之后曾被聘为荔波县立两级小学教员和朝阳小学校长、榕江县城区小学校长和县教育科科长，后又任荔波县民政科科长、荔波县城区小学校长、荔波中学教导主任等职。

　　1943 年，潘一志出任荔波县志整理委员会副主任，主纂《荔波县志稿》。特别值得一提的是，在他主纂的《荔波县志稿》中，坚持摒除旧志中诬蔑清末水族农民起义领袖潘新简的陈腐旧说，删除了污蔑义军为"反贼""逆寇""大逆不道"等字眼，恢复了水族农民起义反清抗暴的历史真实面目。

　　1944 年底，日军入侵贵州并攻入荔波，县长陈企崇仓皇逃离，潘一志先生却临危不乱，组织转运物资、疏散民众，最后方才撤离县城。目睹日寇暴行，潘一志心中有如翻江倒海，掀起万丈波澜，挥笔写下了《荔波浩劫纪实并序》的长诗及《日寇窜扰黔南五县创巨痛》（七律二首），七律之一写道：

战火漫天前史空，黔南遍地血飞红。

敌虽猛进军孤入，官自逃亡势蹙穷。

阵地转移千里外，难民颠沛万山中。

只余焦土空遗憾，国破家亡感慨同。

其二写道：

尘土功名事业空，凭栏独唱满江红。

八年抗战膺艰巨，五县沦亡益困穷。

水旱连灾兵燹后，田园寥落乱离中。

何时厌战天心转，举世和平庆大同。

1946 年，潘一志受命任独山专署第一科科长。当年榕江遭受特大水灾，专员周希濂竟然与其弟相互勾结私吞赈灾的粮食。

潘一志察觉了此事的一些蛛丝马迹。此时周希濂正要调任毕节专署专员，便要潘一志亦随其到毕节去担任一科科长兼代理秘书。哪知刚到毕节不久，周希濂便以潘一志押运粮食有功的名义，派人送给他 80 块大洋，这可是十分诱人的一大笔钱啊！然而周希濂的这一做法更使潘益智证实了原先的猜测，他感到莫大的耻辱和极端的愤怒，毅然决然地丢下那 80 块大洋离职返乡。他于除夕这天方才回到家中，却已是身无分文了，其纪实诗《除夕日由毕节抵家有感而作》便是此时此景的真实写照：

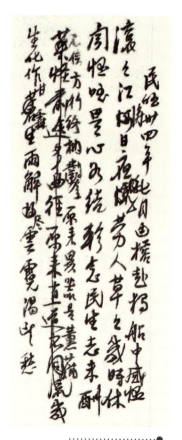

离家只觉思家苦，腊底还家倍惘然。

千里归囊清似水，廿年宦梦化为烟。

老妻借债开伙费，稚子牵衣索炮钱。

递手探囊无一物，明朝赊酒过新年。

古有陶渊明不愿为五斗米折腰而归去的美谈，而潘一志的这一行动，亦正体现出他疾恶如仇、洁身自好的高贵品格。

多年的官场生涯，使潘一志看清了

潘一志手迹

国民政府的腐败黑暗，他便决心躬耕陇亩，隐居田园。他用其妻朱鹤省吃俭用省下的6块大洋买下了一处名叫"擦耳岩"的荒坡，创办林场，并写下了《归农杂感》（七绝五首），以表明心志。其一写道：

> 筑室卷阿避俗尘，名缰摆脱自由身。
>
> 山灵慢发移文檄，我本烟霞痼癖人。

其五写道：

> 归去来兮却费词，昨非今是有谁知。
>
> 平生不与人争利，偏向荒山刮地皮。

另有若干副"躬耕隐居联"：

> 开几亩荒山，与天争利；
>
> 养两间正气，随地皆春。

> 自力更生，汗水换来回味永；
>
> 遵时养晦，阳光普照共春荣。

> 生成傲骨难谐俗；淡到名心始脱凡。

归隐山林的5年之中，潘一志每天都和农工们一样，起早贪黑地

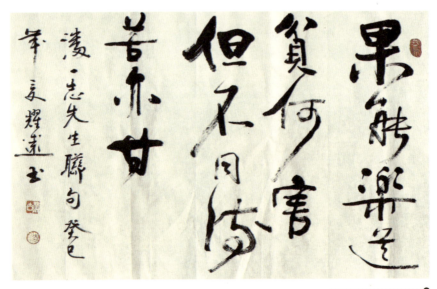

潘一志书写的对联

上山下田，开荒种地，植树造林，仅山上新栽的经济林木便有油桐树2000余株、油茶树1000余株、乌桕树1000余株以及不少的橙树、橘树，使这一处原本荒僻的山野变成了生机勃勃的林场。

其间，民国政府的官员曾多次劝诱逼迫潘一志出山从政，均被他一一拒绝。如其1948年写下的《邑令周绍伊强以县府秘书职务，走避山林》一诗中写道：

> 名利逼来急，避之恐不及……
> 世人避役我避官，世人笑我是寒酸……
> 世与我相违，复驾亦何益，
> 莫再出山行，出山泉水浊。
> 蔼蔼山之阿，此间有完璞。

然而，当县中学缺乏教员时，他却心甘情愿地走上几十里山路，进城去为学生们上课。他写于这一时期的数十首诗章，后辑为《归农集》，充分体现出一位清高正直的水族知识分子特立独行的高风亮节。

中华人民共和国成立后，荔波县县长杜介厘和政委张策了解到擦耳岩竟然有这样一位杰出的人士，曾两次写信请他出山，潘一志均因林场事务繁忙未能进城。其后杜县长和张政委又亲自上山与潘一志恳谈，潘一志深受感动，遂一改初衷，决心出山，并写下了《出山行》（七绝二首）：

> 五年避世乐躬耕，伴鹤盟鸥断俗情。
> 攘臂下车君莫笑，我今却已庆新生。
>
> 垒填胸中扫不清，当年常作不平鸣。
> 出山不改当年志，也为当年铲不平。

1951年2月27日至3月1日，荔波县各界人民代表会议隆重召开，潘一志当选为常务委员会驻会副主席，当时他很是吃惊。会议结束的当晚，地委副书记金风与他促膝长谈。金书记十分风趣地说："你既然一心一意与我们共事，同共产党就算志同道合了。那么，益智先生可就成了'一志'同志啰！"潘一志听了十分高兴，从此便将自己原来的名字益智改为"一志"，以表明自己和中国共产党同心同德，全身心地投入到社会主义革命和建设事业中去的心志，并将耗费几年心血建造的林场全部交给了国家。

潘一志在担任荔波县各界人民代表大会常务委员会副主席的同时，又兼任县教育科科长、民政科科长等职。他经常上山下乡、走村进寨，动员组织民众搞好清匪反霸、土地改革以及农业合作化工作，并挤出时间修订《荔波县志稿》，同时又整理历年来搜集到的大量资料，开始撰写《水族社会历史资料稿》。

1957年之后，潘一志先后担任三都水族自治县副县长、黔南布依族苗族自治州政协副主席、全国政协委员等职务，并于1957年作为贵州省少数民族参观团成员赴京，受到党和国家领导人的亲切接见。在全国各地的参观考察中，潘一志亲眼目睹了社会主义祖国翻天覆地的巨大变化，常常兴奋得夜不能寐，写下了不少热情洋溢地歌颂党、歌颂社会主义祖国的瑰丽诗篇。如1957年3月12日写下的《长春市·调寄浪淘沙》：

红日晒长空，大地冰封，雪花六出兆年丰，凭吊创痕追往昔，痛恨填胸。

解放八年中，发奋为雄，巍然屹立亚洲东。六亿人民新气象，勃勃蓬蓬！

又如亦写于1957年的七绝《夜过长沙》：

夜过长沙百万家，繁星罗列眼昏花。

更深疑是朝曦出，不是朝曦是早霞。

政协机关的工作千头万绪，作为驻会副主席的潘一志又常常事必躬亲，故而忙得个团团转，然而他却乐此不疲，甘之若饴，全身心地投入到繁忙的工作中。正如他写于1961年的《暮春剑河晚眺》一诗所言：

剑河两岸柳迎风，美景图开补化工。

千座层楼凭远眺，十年基建显奇功。

飞岚晚翠无边艳，落照余霞分外浓。

爱惜分阴争进取，桑榆高唱老来红。

还应特别强调的是，在紧张繁忙的政协工作中，潘一志竟然不顾年高体衰、疾病缠身，常常熬更守夜地撰写和修改《水族社会历史资料稿》。全书基本定稿之后，他又自费购买钢板、蜡纸和油印机，一个字一个字地刻写，一张纸一张纸地油印，终于使这一部洋洋洒洒30余万字的著作得以问世。潘一志是最先全面系统地对水族社会历史进行深入考察、具体论述的水族学者，首开水家学研究的先河，其研究是筚路蓝缕，具有开创之功。以当时的社会背景，此书可谓材料丰富翔实，剖析慧眼独具，令人感佩不已。

令人遗憾的是，多年的积劳成疾，兼之年高体衰，潘一志在1977年夏天突发脑血栓瘫痪失语而卧床不起，虽多方医治亦回天无术，于12月4日与世长辞，享年78岁。

潘一志虽然离开了人世，但是，或可告慰先生在天之灵的是，他最为重要的颇有学术价值的遗著——《水族社会历史资料稿》以及他的《新旧自我人生观诗稿》（内收1929～1946年的《浪游集》，1947~1949年的《归农集》，1951～1965年的《新生集》，以及《集外拾遗》，共计400余首诗、词、联），已由贵州民族大学、贵州水

潘一志先生之墓

长长的接灵队伍接潘一志骨灰回梅山　　　　　潘一志骨灰回家乡

书文化研究院编为《水族学者潘一志文集》，于 2009 年 12 月公开出版。更应该说到的是，潘一志的高风亮节，充分展现出他那特立独行的人格魅力，可谓水家风骨，典范长存。

《水族学者潘一志文集》等著作

# 参考书目

1. 贵州省地方志编纂委员会. 贵州省志·民族志 [M]. 贵阳：贵州民族出版社，2002.

2. 袁昌文. 走遍夜郎故土——秀水三都 [M]. 汕头：汕头大学出版社，2003.

3. 潘朝霖，韦宗林. 中国水族文化研究 [M]. 贵阳：贵州人民出版社，2004.

4. 梁光华，等. 水族水书语音语料库系统研究 [M]. 贵阳：贵州民族出版社，2012.

5. 三都水族自治县志编纂委员会. 三都水族自治县志 [M]. 贵阳：贵州人民出版社，1992.

6. 李平凡，颜勇. 贵州世居民族迁徙史 [M]. 贵阳：贵州人民出版社，2012.

7. 黔南布依族苗族自治州史志编纂委员会. 黔南布依族苗族自治州史志文物名胜志 [M]. 贵阳：贵州民族出版社，1989.

8. 贵州省荔波县地方志编纂委员会. 荔波县志 [M]. 北京：方志出版社，1997.

9. 荔波县政协文史委员会. 荔波水族 [M]. 北京：中国文史出版社，2009.

10. 杨俊，蒙锡彭，王思民. 贵州水族艺术研究 [M]. 贵阳：贵州民族出版社，2011.

11. 程瑜. 三都水族 [M]. 北京：知识产权出版社，2008.

12. 贵州民族大学，贵州水书文化研究院. 潘一志文集 [M]. 成都：巴蜀书社，2009.

13. 石国义. 水族村落家族文化 [M]. 贵阳：贵州民族出版社，2007.

14. 范禹. 水族文学史 [M]. 贵阳：贵州人民出版社，1987.

15. 《水族简史》编写组. 水族简史 [M]. 北京：民族出版社，2008.

16. 谭其骧. 中国历史地图 [M]. 北京：中国地图出版社，1982.

# 后记

　　贵州山川秀美，气候宜人，资源丰富，人民勤劳，风情多彩，文化灿烂。18 个世居民族，和谐相处，共建家园。《贵州世居民族文化书系》正是建立在人类学、民族学、文化学的研究成果基础上，以叙事方式为主，向世人勾勒贵州世居民族文化版图，展示贵州世居民族悠久的历史文化与和而不同的美丽生存，以全新的视角探寻各民族的文化发展轨迹，解读各民族具有鲜明特色的文化事象，诠释各民族充满神奇魅力的新形象。

　　《贵州世居民族文化书系》编委会对书系的宗旨、目标、体例和风格等进行项目论证和定位，负责确定写作大纲，并对书系的组织架构、写作要求和作者物色等进行统筹安排。

　　《水韵天书·水族》由贵州省民族研究院进行审读，就政治倾向性和民族、宗教问题进行认真把关。本书图片得到了蒙耀远、莫晓曦、蒙有勇、韦宗林、蒙景村、潘朝霖、蒙国颖、潘天华、蒙永厚、潘兴文、陆春、韦章炳、王韵水、贵州省水家学会、贵州省摄影家协会等的大力支持（经多方搜寻，仍有部分图片未能寻到作者，作者见书后请与出版社联系）。

　　在此，对所有为书系作出贡献的人士表示衷心的感谢！因编辑水平所限，书中难免有不尽如人意之处，恳请读者批评指正，以便图书再版时予以弥补。

《贵州世居民族文化书系》编委会

2014 年 6 月